Reißen, Schneiden, Falten, Kleben

Sabine Latorre
Karin Senger

Reißen, Schneiden, Falten, Kleben

Papierbasteleien für Kinder ab 3 Jahren

FALKEN

INHALT

Die Knüller

Zum Kugeln

Material
fester Karton oder Pappe (mindestens DIN A5)
Seidenpapier in Weiß, Grün, Rot und Schwarz für das Schäfchen
Seidenpapier in Gelb und Blau für das Herz
Klebstoff
Schere
Lineal
Bleistift

Aus farbigen Seidenpapieren lassen sich im Handumdrehen bunte Kügelchen knüllen und zu dekorativen Bildern zusammensetzen. Ob Schäfchen oder Herz, der Fantasie sind keine Grenzen gesetzt.

Schäfchen mit Blume

1 Das Seidenpapier in ca. 6 x 6 cm große Quadrate schneiden.

2 Jedes Quadrat zu einer kleinen Kugel zusammenknüllen.

3 Den Schäfchen-Umriss von Seite 90 auf den Karton übertragen. Kleine Teilflächen mit Klebstoff einstreichen, die Knüllkugeln darauf aufdrücken.

4 Für das Gras einen grünen Streifen Seidenpapier zu einem Strang verdrehen und aufkleben.

5 Zum Schluss mit weißen und grünen Knüllkugeln die Zierkante am Rand aufkleben.

6 Bastelanleitung für die Blume siehe Seite 52.

Herz

1 Das Seidenpapier in ca. 6 x 6 cm große Quadrate schneiden.

2 Jedes Quadrat zu einer kleinen Kugel zusammenknüllen.

3 Den Herzumriss von Seite 90 auf den Karton übertragen. Kleine Teilflächen mit Klebstoff einstreichen und die gelben Knüllkugeln fest darauf drücken.

4 Anschließend den Karton bis zum Rand mit den blauen Knüllkugeln bekleben.

Tipp

Durchgefärbte Seidenpapiere dürfen nicht mit Tapetenkleister verarbeitet werden, denn die Farbe färbt durch das Wasser intensiv ab! Daher stets Klebstoff verwenden.

Gut in Form

Material
Zeitungspapier
Tapetenkleister
farbiges Papier (Geschenkpapier, Tonpapier, Illustrierte, Plakate etc.)
Schaschlikspieße

Aus Leimpapier und geknüllten Zeitungsbällchen entstehen lustige Tierfiguren wie hier Katze, Vogel, Schnecke und Tausendfüßler.

1 Den Tapetenkleister nach Angabe des Herstellers anrühren, quellen lassen.

2 Das Zeitungspapier in große Stücke reißen (etwa DIN A4) und zu lockeren Bällen zusammenknüllen.

3 Eine Seite Zeitungspapier (keine Doppelseite!) gut einkleistern, ein oder mehrere (trockene) Bälle hineinschlagen und in die gewünschte Tierform drücken. Es kann auch frei nach Fantasie geformt werden.

4 Die Figur gut durchtrocknen lassen, am besten über Nacht.

5 Bei Fantasiegestaltung: Die trockene Form ansehen und überlegen: Welches Tier könnte sich hier verbergen? Dann die gewünschten Details wie Ohren, Schnauze, Schnabel, Pfoten, Schwanz etc. herausarbeiten. Dazu das Zeitungspapier in breite Streifen reißen, einkleistern, in die gewünschte Form drücken und ankleben.

6 Die gesamte Figur mit breiten Leimpapierstreifen ein- oder mehrfach umwickeln, bis die gesamte Form stabil ist.

7 Im letzten Arbeitsschritt das bunte Papier in kleine Stücke reißen, einkleistern und als letzte Schicht aufkleben. Dabei auch Augen, Maul und farbliche Besonderheiten der Tiere einarbeiten.

Tipps

◆ Die Beine des Tausendfüßlers wurden wie folgt in Arbeitsschritt 5 eingefügt: Breite Streifen Leimpapier zu einem Strang verdrehen, damit nach jedem Ball locker einen Knoten schlingen, sodass die Enden nach rechts und links überstehen und als „Beine“ genutzt werden können. Kugeln aus Leimpapier als Füße aufstecken.

◆ Die Fühler der Schnecke sind umwickelte Stücke von Schaschlikspießen.

◆ Auch die Blume des Vogels hat solch einen „Holzstiel“.

Die Reißer

Highlight

Material
Transparentpapier
Tapetenkleister
sauberes Marmeladenglas oder aussortiertes Trinkglas
weißes Papier
Schere
Bleistift
Teelicht

In der Dunkelheit leuchten die bunten Flügel des Schmetterlings besonders schön: Das mit Transparentpapier gestaltete Windlicht ist für drinnen und draußen geeignet.

1 Den Tapetenkleister nach Angabe des Herstellers anrühren und quellen lassen.

2 Das Papier entsprechend der Höhe des Marmeladenglases zuschneiden und in der Breite so verkürzen, dass es sich in das Glas einlegen lässt.

3 Das Papier herausnehmen und den Schmetterling (Vorlage siehe Seite 82) aufzeichnen. Das Papier wieder in das Glas einlegen, sodass das Motiv auf der Vorderseite gut sichtbar ist.

4 Das Transparentpapier nach Farben getrennt in kleine Schnipsel reißen.

5 Das Glas von außen Fläche für Fläche mit Kleister bestreichen und die Schnipsel passend zur eingelegten Vorlage aufkleben.

6 Den Leuchter trocknen lassen und die Papiervorlage entfernen.

7 Das Teelicht in das Glas setzen.

Bunte Schnecke

Hallo, liebe Schnecke, wohin des Weges? Der kleine Ausreißer aus bunten Papierschnipseln freut sich auf eine große Schneckenfamilie. Auf gehts!

Material
weißes Blatt, DIN A4
Tapetenkleister
bunte Illustrierte
Bleistift

1 Den Tapetenkleister nach Angaben des Herstellers anrühren und quellen lassen.

2 Die Schnecke von Seite 81 abpausen und mit dem Bleistift auf das Papier übertragen.

3 Die Illustrierten nach bunter Werbung durchsuchen, in kleine Schnipsel reißen und nach Farben getrennt in kleinen Haufen sammeln (Für das Schneckenhaus: Blau, Gelb, Grün, Rot, Orange, Lila; für den Schneckenkörper: Beige, Dunkelbraun, Schwarz).

4 Die Schnecke Fläche für Fläche mit Kleister einstreichen, die Schnipsel passend nach Farben aufkleben. Dabei am besten von innen nach außen arbeiten.

5 Das Bild gut trocknen lassen und eventuell nach dem Trocknen über Nacht pressen.

Die Falter

Flatterhaft

Material
je Schmetterling
½ Bogen Strohseide
Schere

Die zarten durchscheinenden Schmetterlinge aus Strohseide wippen bei der leisesten Berührung mit ihren Flügeln: Bei dieser Faltarbeit kommt es auf den richtigen „Kniff" an!

1 Aus der Strohseide ein Quadrat schneiden (hier 16,5 x 16,5 cm).

2 Das Quadrat zweimal Ecke auf Ecke falten, wieder aufklappen.

3 Das Quadrat umdrehen, zweimal Kante auf Kante falten, wieder aufklappen (1).

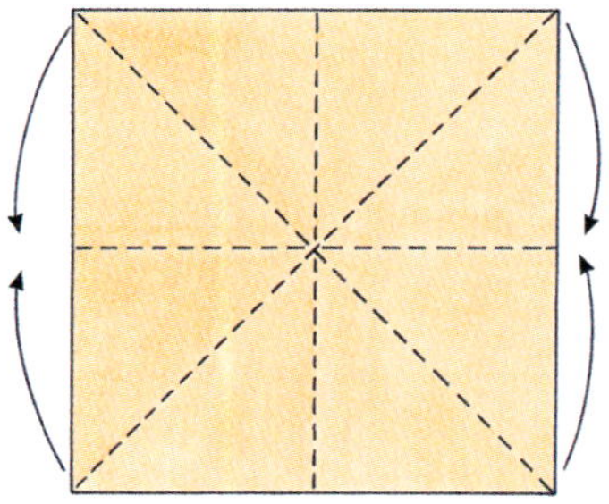

1

4 Das Papier von beiden Seiten in der Mitte fassen, nach innen zusammendrücken, die entstehenden Dreiecke übereinander klappen (2) und fest darüber streichen.

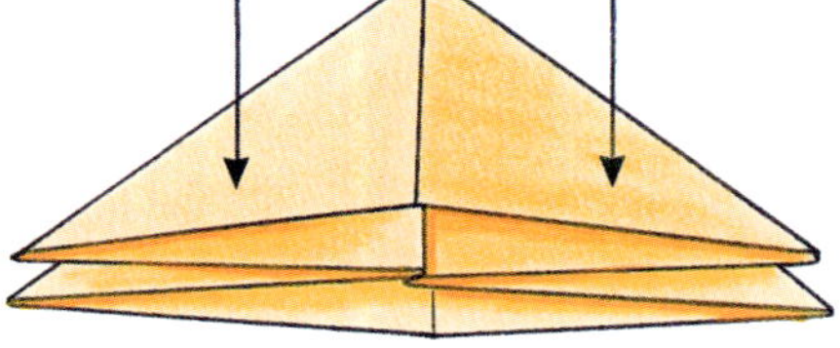

2

5 Zwei Ecken des oben liegenden Dreiecks zur Mitte falten (3).

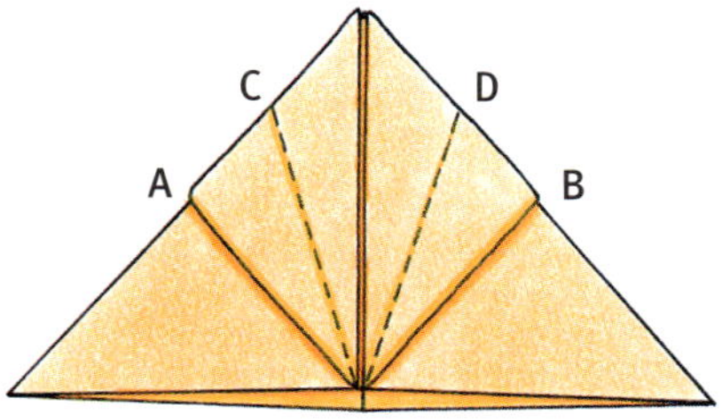

3

6 Die Seiten A und B werden erneut nach oben zur Mitte gefaltet (4), die Kanten kräftig nachgefalzt und anschließend gleich wieder aufgefaltet (wie bei 3).

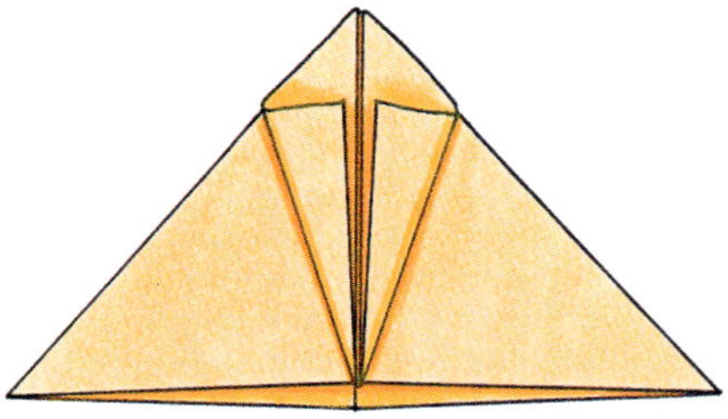

4

7 Dann die Seiten C und D nach unten zur Mitte falten (5), die Knicke gut nachfalzen und wieder öffnen.

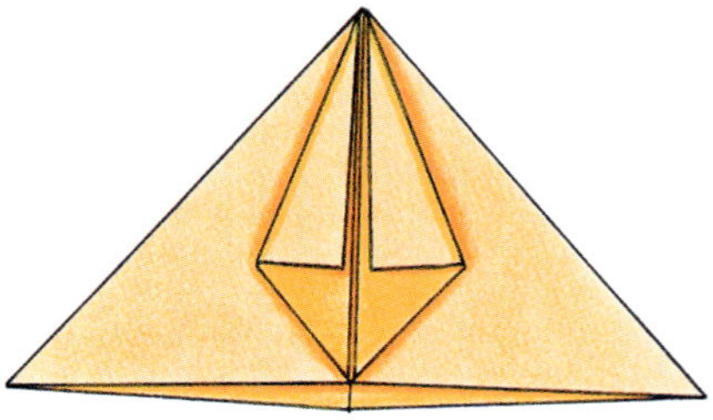

5

8 Der Falter hat nun wieder die Form wie bei Zeichnung 3, jedoch mit gut sichtbaren Hilfslinien (6). Diese Knicklinien nicht glatt streichen, durch Zusammendrücken zu Füßen ausformen.

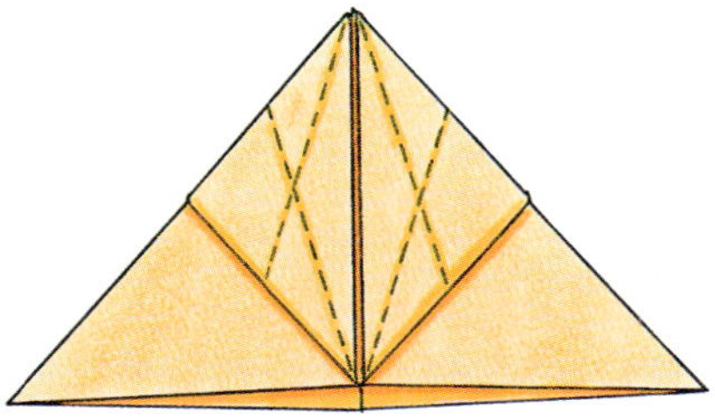

6

9 Figur umdrehen: Durch die Knicke sind zwei Füße entstanden, auf denen der Falter sitzen kann (7).

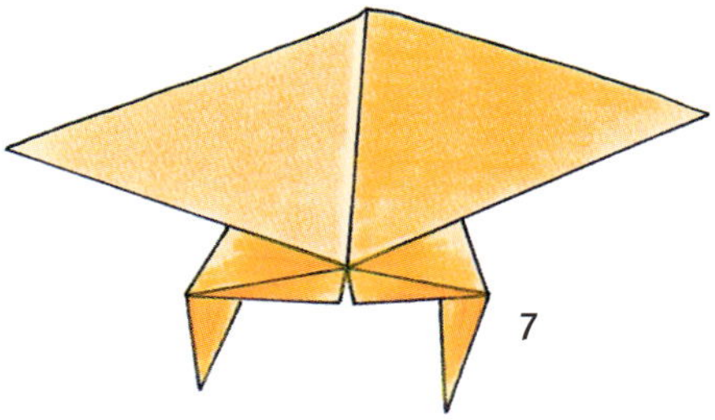

7

10 Flügel sanft hochbiegen oder mit der Hand zwischen die Flügeldreiecke fahren und die Form so „aufplustern".

Tipp

Zum Üben sollten die Falter zunächst aus farbigem Kopierpapier gearbeitet werden. Diese bunten Schmetterlinge sehen ebenfalls sehr hübsch aus und können mit Filzstift noch bunt bemalt werden.

Kettenzauber

Material
farbiges Kopierpapier
Schere
Bleistift
evtl. dicke Nadel

Eins, zwei drei: Mit nur einem Schnitt lassen sich aus gefaltetem Papier im Nu Papiergirlanden aus Häuschen, Blumen, Enten, Schmetterlingen und Tannen herstellen.

1 Einen farbigen Papierstreifen in der Höhe des gewünschten Motivs abschneiden.

2 Von der Schmalseite her in Ziehharmonika-Technik falten (1), wobei die Kanten genau aufeinander liegen müssen. Für Blume, Ente, Schmetterling und Tanne 3 cm breit, für das Haus 5 cm breit falten.

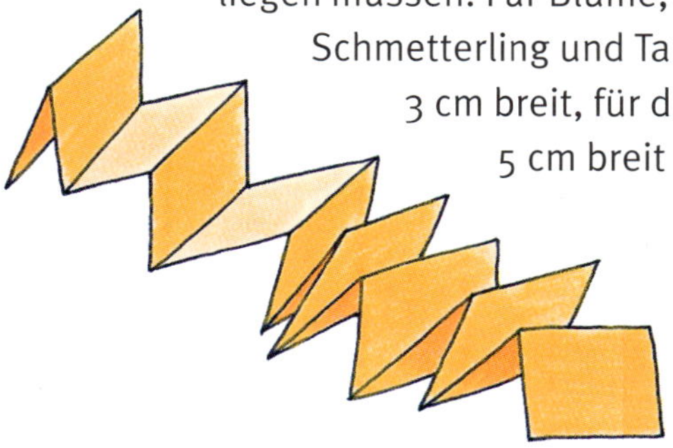

1

3 Das jeweilige Motiv von Seite 82 mit Bleistift auf das Kopierpapier übertragen. Dabei darauf achten, dass das Motiv an beiden Seiten bis zum Rand reicht (2).

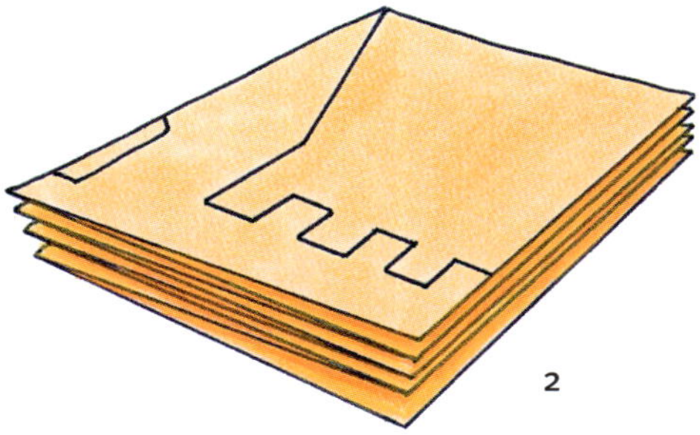

2

4 Das Motiv ausschneiden. Achtung: Die an den Bruchkanten angrenzenden Motivstücke nicht ausschneiden! Sie halten später die einzelnen Figurenteile zusammen.

5 Die Zauberkette nun vorsichtig auseinander falten und darauf achten, dass die dünnen Papierstege nicht eingerissen werden.

Tipps

◆ Das fertig aufgemalte Motiv noch zusammengefaltet auf eine dicke Pappe legen und mit einer dicken Nadel oder einer Spitze fein durchstechen. So bekommt die Figur ein schönes Lochmuster wie hier der Schmetterling.

◆ Für lange Ketten das Motiv mehrfach ausschneiden und die Ketten mit Klebeband verbinden.

Hut ab!

Material
Hüte:
½ Bogen braunes Tonpapier („Robin Hood“)
½ Bogen schwarzes Tonpapier („Piratenhut“)
½ Bogen Geschenkpapier („Partyhut“) (etwa 40 x 55 cm)
Zum Ausgestalten:
farbiges und weißes Papier
1 Stück fester Karton
1 Stück weißes Seidenpapier für die Feder, ca. 8 x 20 cm
Schere
Klebstoff

Alles gleich gefaltet und doch ganz anders: Mit dem Totenkopf auf dem Hut ist der Pirat klar zum Entern. Feder und Pfeil schmücken Robin Hood. Papierhüte für jede Gelegenheit!

Alle Hüte

1 Das Tonpapier sorgfältig in der Hälfte falten (1).

1

2 Die Außenkanten aufeinander falten und wieder auffalten (2).

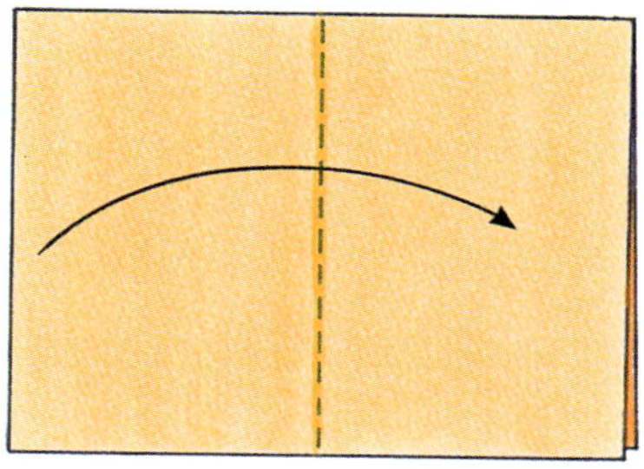

2

3 Die beiden oberen Ecken zur Mitte falten, Kanten fest nachstreichen (3).

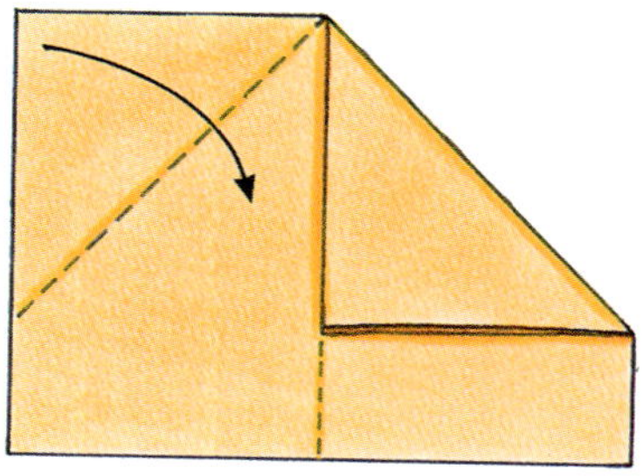

3

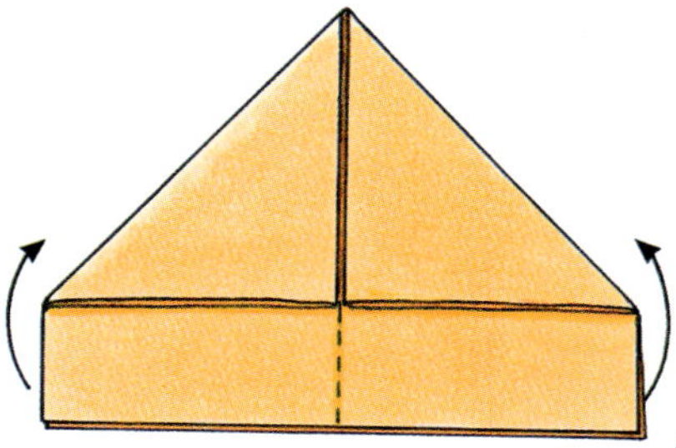

4

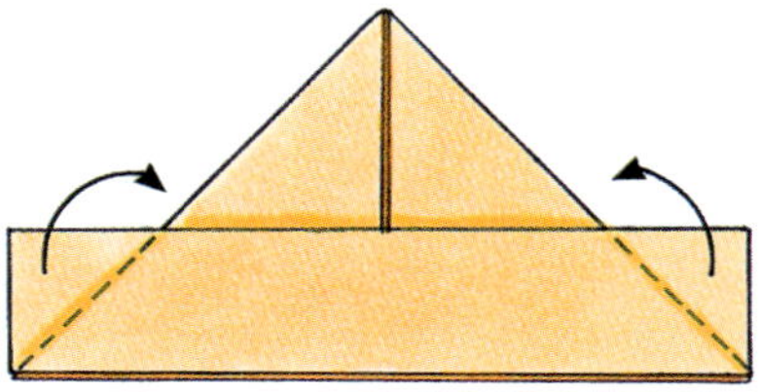

5

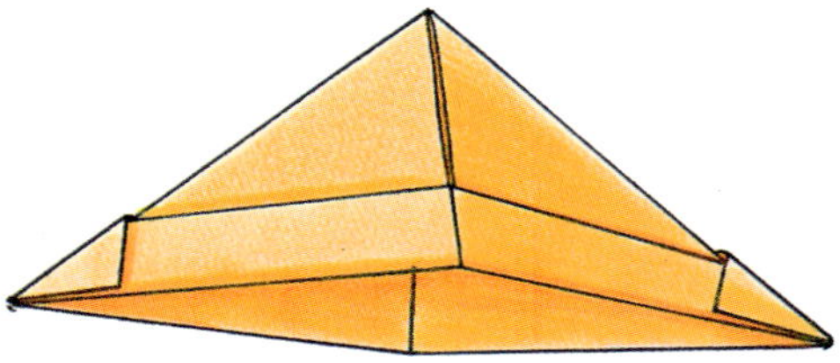

6

4 Die unteren Kanten auf beiden Seiten nach oben biegen (4, 5), die Ecken umschlagen und mit Klebstoff fixieren (6).

Robin Hood

1 Ein Eichenblatt aus grünem Tonpapier ausschneiden, einstecken.

2 Einen schmalen Streifen festen Karton für den Pfeil schneiden.

3 Den Hut an der Spitze mit dem Teppichmesser 2 cm lang einschneiden. Pfeil durchstecken.

4 Dann an ein Ende des Streifens eine Pfeilspitze und gegenüber Pfeilenden aus schwarzem Tonpapier ankleben.

5 Die Feder nach der Anleitung auf Seite 40 anfertigen und einstecken.

Partyhut

Für die Blume den Stängel und das Blatt von der Vorlage Seite 83 auf grünes Tonpapier übertragen und ausschneiden.

2 Für die Blüte einen blauen Kreis (Ø 10 cm) ausschneiden und dreimal in der Hälfte falten (siehe Seite 93, 1–4). Mit der Schere zwei halbmondförmige Einschnitte vornehmen (5) und so den Mittelkeil herausschneiden. Blüte auffalten (6).

3 In die Mitte der Blüte einen kleinen runden Pappkreis kleben, Blüte auf den Stängel kleben und in den Partyhut einstecken. Eventuell mit Klebstoff fixieren.

Piratenhut

Die Schablone „Totenkopf“ von Seite 83 auf weißes Papier übertragen, ausschneiden und aufkleben.

Großmäuler

Material
quadratisches Blatt Kopierpapier in Gelb (Löwe) und in Rosa (Schwein)
weißes Papier
Papierreste in Rot (Löwe) und in Lila (Schwein)
schwarzer Filzstift
Klebstoff
Schere

„Bäääh“ – frech reißen Löwe und Schwein ihre Mäuler auf und zeigen die Zunge. Die Tiere sind mit der „Himmel-und-Hölle-Technik“ schnell gefaltet.

1 Das Quadrat zweimal Kante auf Kante knicken, um so den Mittelpunkt zu erhalten. Wieder auffalten.

2 Die vier Ecken nach innen zur Mitte falten (1).

1

3 Das Quadrat umdrehen, noch einmal die vier Ecken nach innen zur Mitte falten (2).

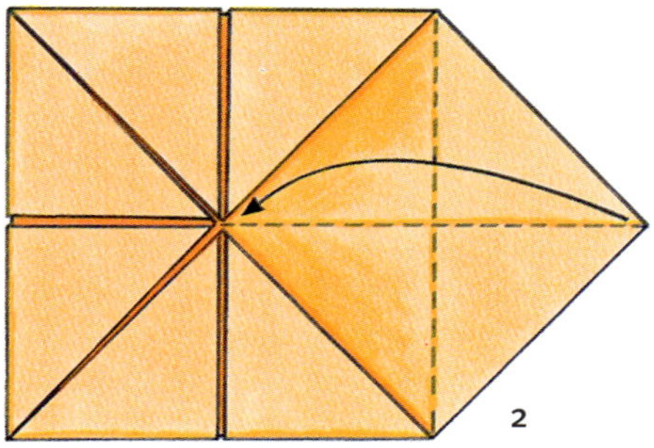

2

4 Die Form in der Mitte falten (3), noch mal in der Mitte falten, kräftig nachfalzen und die letzte Faltung wieder öffnen. Die so entstandene Form wird auch „Himmel und Hölle“ genannt.

3

5 Mit den Fingern von hinten in die „Papiertaschen“ fahren, sodass Spitztüten entstehen (4). Die unteren Ecken abschneiden, Kopfform runden.

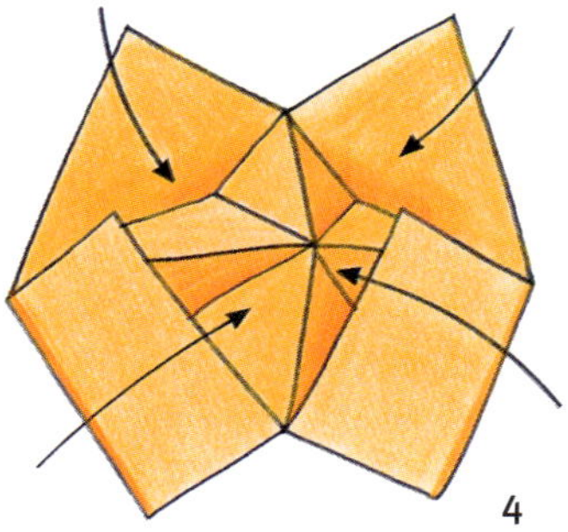

4

Ausgestaltung

1 Für den Löwen die Mähne einschneiden. Die Zungen aus rotem und lilafarbenem Papier ausschneiden.

2 Die Form öffnen, auf zwei Hälften je eine halbe Zunge aufkleben. Die Augen auf das weiße Papier malen, ausschneiden, bemalen und aufkleben.

3 Die Nasen aus schwarzem und rosafarbenem Papier ausschneiden und aufkleben. Schnurrhaare ankleben und Schweinchennase anmalen.

Schiff ahoi!

Material
Segelschiff:
zweifarbiges Papier, rechteckig
Dampfer:
farbiges Papier, quadratisch

Leinen los und Anker lichten: Hier kreuzen schnittige Segler und behäbige Dampfer. Ein paarmal gefaltet, und schon können die Papierschiffchen in See stechen.

Segelschiff

1 Die Ausgangsform für das Schiff ist der Hut. Daher zunächst wie auf Seite 16 unter „Alle Hüte“ beschrieben verfahren.

2 Die Form zum Quadrat zusammenlegen (1).

3 Auf beiden Seiten die Spitze nach oben falten (2).

4 Das so entstandene Dreieck zum Quadrat auseinander drücken (3).

5 Die Enden anfassen und vorsichtig nach außen ziehen (4).

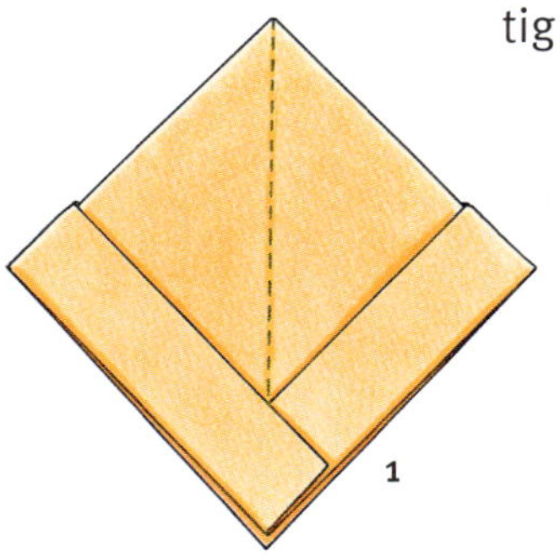
1

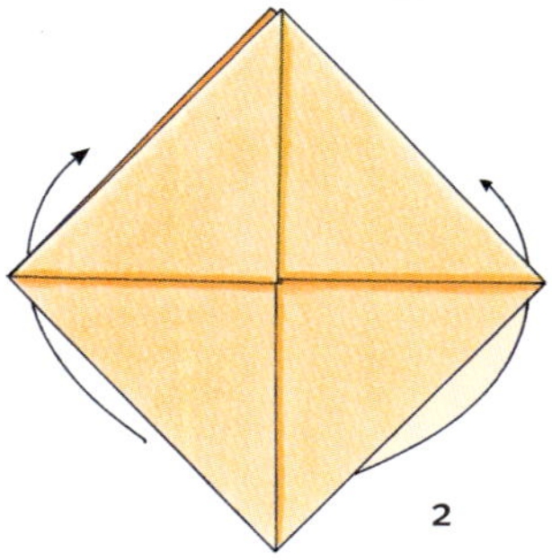
2

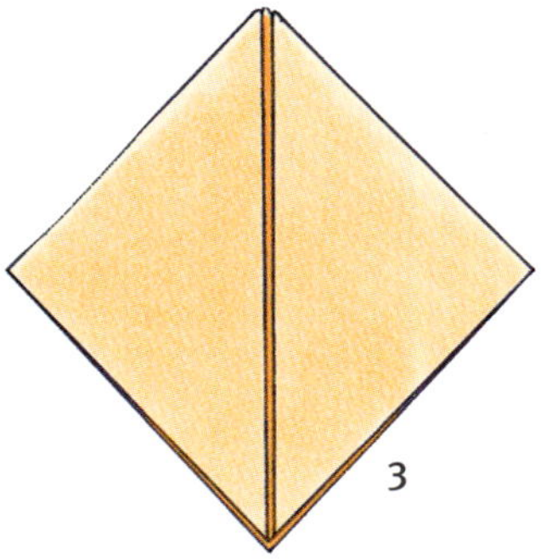
3

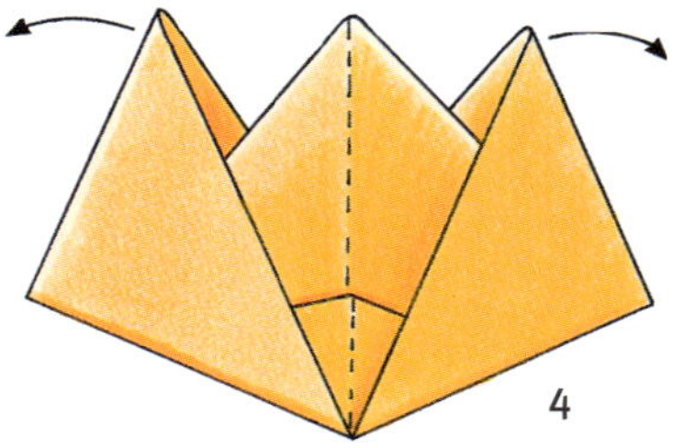
4

Dampfer

1 Die Ausgangsform für den Dampfer ist die „Himmel und Hölle“-Faltung für die Tierköpfe. Daher zunächst wie auf Seite 18 unter 1 – 4 beschrieben verfahren.

2 Die Ecken erneut (ein drittes Mal) zur Mitte falten (1).

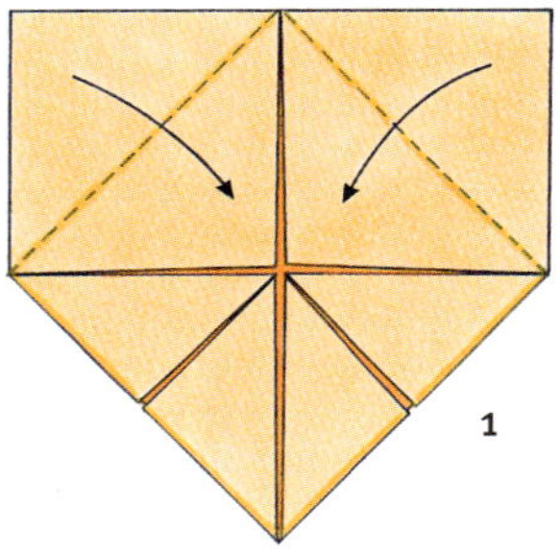
1

3 Das Quadrat wieder umdrehen.

4 Mit dem Zeigefinger von der Mitte aus unter eine Spitze fahren, nach oben umklappen (2a).

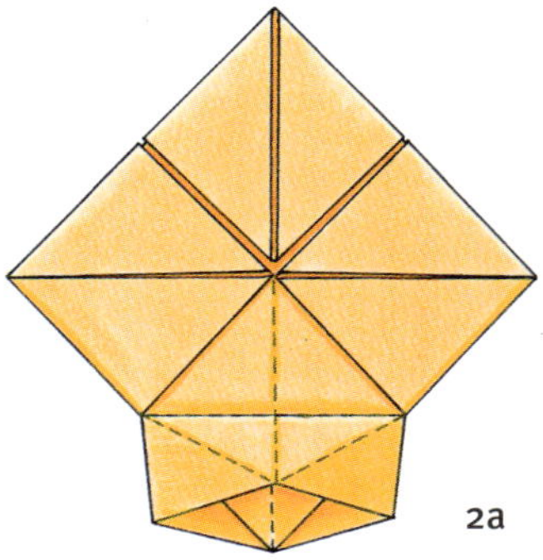
2a

5 Auf der gegenüberliegenden Seite ebenso verfahren (2b).

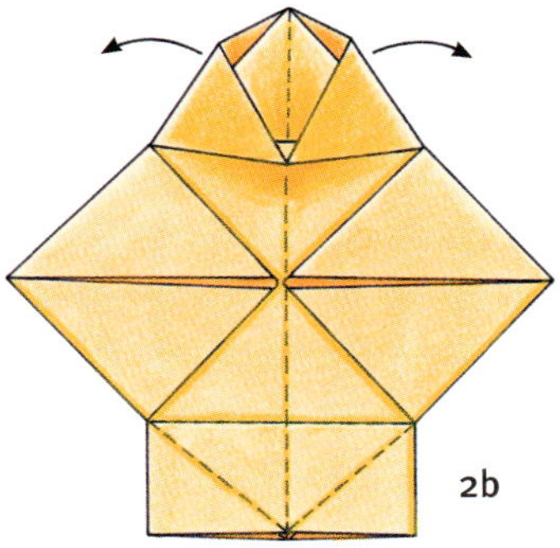

2b

6 Die Form in der Mitte aufeinander klappen, sodass die beiden zuvor aufgefalteten „Schornsteine" übereinander liegen (3).

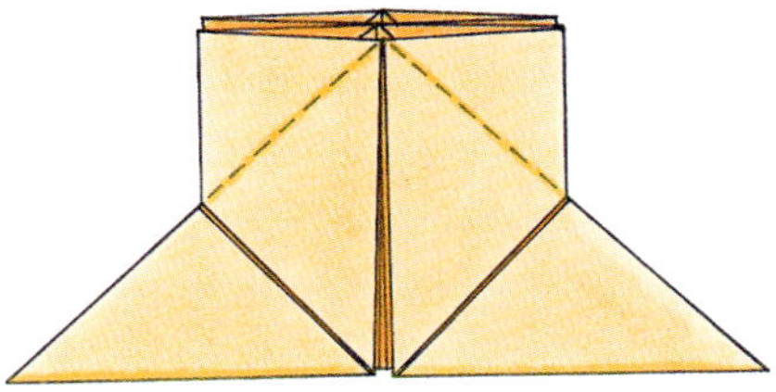

3

7 Form erneut auseinander klappen, die inneren Spitzen zu Bug und Heck hochstellen (4).

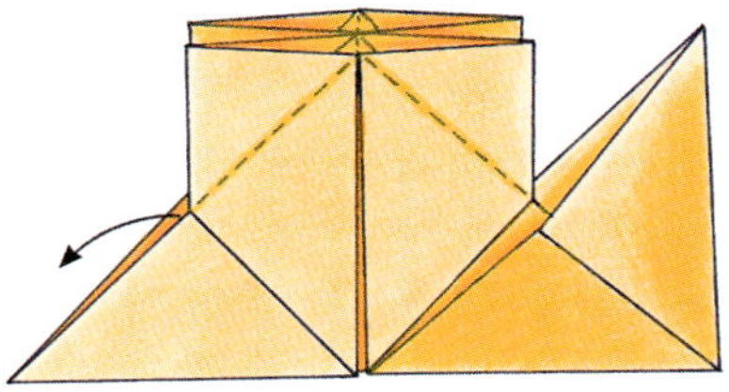

4

Tipp

Um zweifarbige Dampfer wie auf der Abbildung zu erhalten, wird auf das Ausgangsquadrat ein etwas kleineres Quadrat in einer anderen Farbe geklebt.

Verschachtelt

Material
Schere
Klebstoff
Bleistift
Regenbogenschachtel (geschlossen):
Regenbogenpapier oder farbiges Kopierpapier (evtl. auch festes Geschenkpapier, Briefpapier oder Tonpapier)
Schmuckschachtel (offen):
je Schachtel 1 Blatt farbiges Kopierpapier, DIN A4
je nach Schmuckmotiv farbige Papierreste in Rot (Herz), Grün (Kleeblatt) oder Braun, Gelb, Rosa und Türkis (Eistüte)

Ob als Geschenk mit Gummibärchen gefüllt oder als Sammelkästchen für Muscheln und Perlen: Die dekorativen offenen und geschlossenen Schachteln aus Papier sind ruckzuck gefaltet.

Regenbogenschachtel

1 Die Schablone von Seite 84 auf das Papier übertragen.

2 Die Form sorgfältig an den geschlossenen Linien entlang ausschneiden.

3 Die gestrichelten Linien vorfalzen.

4 Die Vorlage entlang der gestrichelten Linie so zusammenfalten, dass die Lasche „A" von innen an die Seite „B" geklebt werden kann.

5 Boden und Deckel der Schachtel schließen, indem die Seitenteile „c" nach innen geklappt werden.

6 Die Bodenlasche zum Schluss mit Klebstoff fixieren.

Schmuckschachtel

1 Die Schablone von Seite 86 auf das Papier übertragen. Je nach gewünschter Form auf der einen Seite in das obere Quadrat in der Mitte die Herz-, Kleeblatt- oder Eistütenform einzeichnen (siehe Vorlagen auf den Seiten 85 und 86).

2 Die Form sorgfältig außen an den geschlossenen Linien entlang ausschneiden.

3 Die gestrichelten Linien vorfalzen.

4 Die Seiten so zusammenfalten, dass „A" auf „a" und „B" auf „b" liegt. Die Seiten mit Klebstoff fixieren.

5 Die Rückwand der Schachtel aufstellen, mit Klebstoff fixieren.

6 Die Vorderseite (Schmuckansicht) der Schachtel aufstellen, mit Klebstoff fixieren.

7 Die Schmuckansicht mit farbigem Papier je nach Motiv ausgestalten.

Ab die Post!

Material
Illustrierte,
Geschenkpapier oder
farbiges Kopierpapier
ovale selbstklebende
Etiketten
Schere
Bleistift
Klebstoff
Lineal

Briefumschläge aus Papier: Hast du keinen, kleb dir einen. Aus Geschenkpapieren oder Illustrierten lassen sich originelle Postgrüße basteln.

1 Aus der Illustrierten oder dem Geschenkpapier ein passendes Motiv heraussuchen.

2 Die Vorlage für den Briefumschlag mit Bleistift vom Vorlagebogen auf das Papier übertragen, ausschneiden.

3 Die gestrichelten Linien mithilfe eines Lineals vorknicken.

4 Seitenlaschen nach hinten umbiegen, mit Klebstoff bestreichen, Papier an der gestrichelten Mittellinie hochbiegen und an den Laschen festkleben.

5 Auf der Vorderseite das Etikett für die Adresse aufkleben.

6 Zum Verschließen die obere Lasche nach Einlegen des Briefes zukleben.

7 Vor dem Absenden Briefmarke nicht vergessen!

Mehr Sicherheit für Kinder!
10 Deutschland
EUROPÄISCHE ZENTRALBANK
FRANKFURT AM MAIN
Vanessa Tom
Frankfurt
VOLVER A EMPEZAR
(Begin the Beguine)

Dicke Autos

Material
festes Papier,
Glanzkarton oder
Tonkarton in Gelb, Rot
(Laster) und Blau
(Kleinwagen)
schwarzer Tonkarton
Alufolie
Schere
Klebstoff

Tüt tüüüüüüt, hier kommen flotte Flitzer und große Brummis. Doch Vorsicht in der Autofabrik: Beim Ausschneiden muss sorgfältig gearbeitet werden, sonst rollt der Verkehr nicht.

1 Die Umrisse für das Auto von Seite 92 und für den Lastwagen vom Vorlagebogen auf das Papier übertragen und an den äußeren Linien ausschneiden. Beim Lastwagen auch den inneren dunkel schraffierten Streifen ausschneiden.

2 Die gestrichelten Linien kräftig nachfalzen.

3 Das Auto aufstellen, die schraffierten Laschen nach innen kleben.

4 Räder und Fenster aus dem schwarzen Tonkarton ausschneiden und aufkleben.

5 Radkappen und Fensterscheiben aus Alufolie etwas kleiner zuschneiden, auf den schwarzen Tonkarton kleben und auf dem Auto mit Klebstoff fixieren.

6 Für den Laster die rote Plane (siehe Vorlagebogen) extra ausschneiden, falten und anschließend auf den Laster kleben.

7 Wer möchte, kann jetzt auch noch Nummernschilder, Außenspiegel u. Ä. anbringen.

HD

Himmlisch

Material
rotes Kopierpapier (quadratisch, hier je Stern 10 x 10 cm)
evtl. Goldfolie
Schere
Klebestreifen

Rote und goldene Weihnachtssterne schmücken die festliche Tafel oder den Tannenbaum. Die dekorative Faltarbeit aus Papier und Goldfolie ist auch ein hübsches Geschenk.

1 Das Quadrat zweimal Kante auf Kante falten, wieder auffalten.

2 Das Quadrat zweimal Spitze auf Spitze falten, wieder auffalten.

1

3 Auf den vier Seiten die Mittellinie 2,5 cm einschneiden (1).

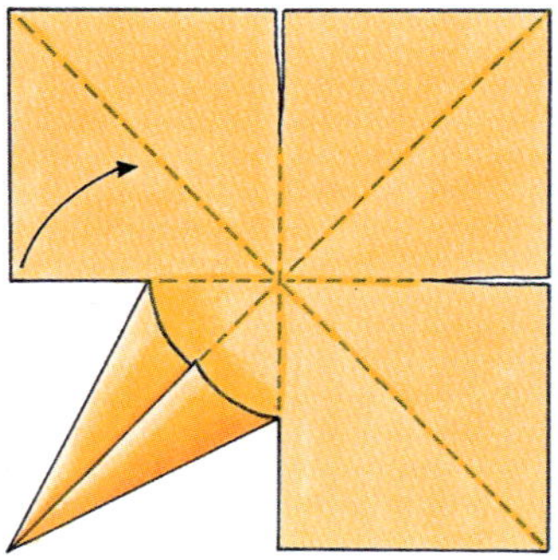

2

4 Die Seiten jeder Ecke zu kleinen Tüten – den Sternspitzen – falten (2).

5 Die Spitzen mit dem Zeigefinger ausformen, dann mit Klebestreifen fixieren.

Tipp
Zwei Sterne dieser Faltung übereinander geklebt ergeben einen sehr schönen plastischen Doppelstern mit acht Spitzen.

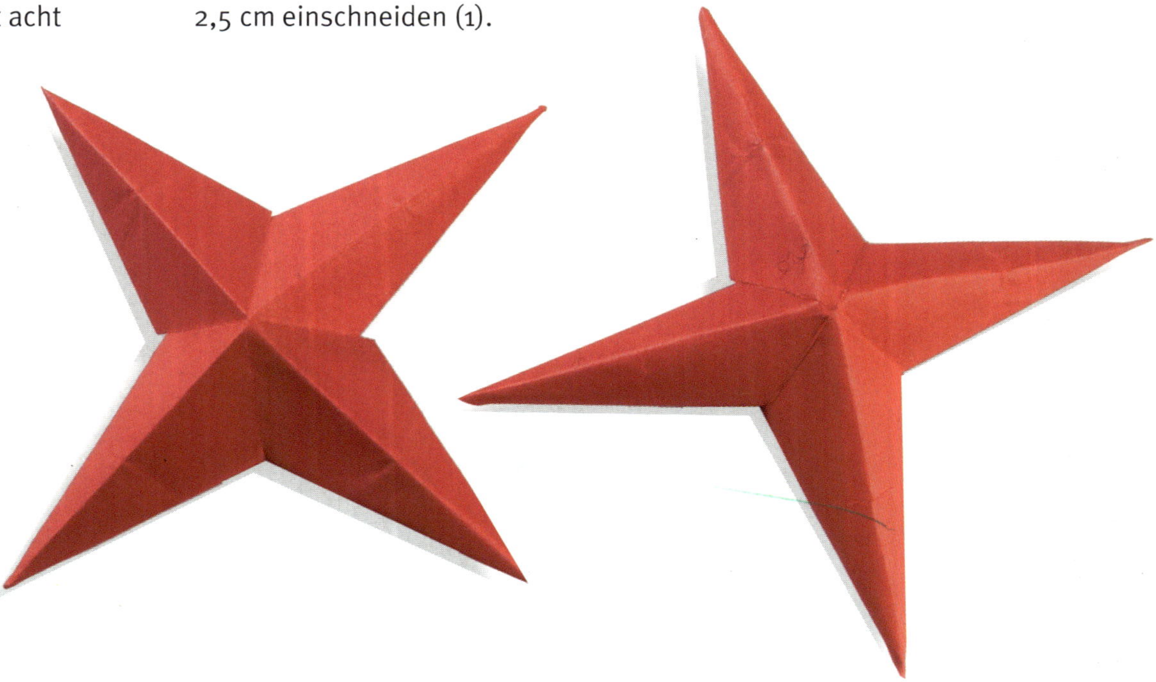

Die Schneidigen

Locker flockig

Material
weißes Papier
Sternchen-Wellpappe in Weiß
weißer Zwirn
Schere
Klebestreifen

Schneeflöckchen, Weißröckchen, wann kommst du geschneit? Ein winterliches Fensterbild: Durch verschiedene Einschnitte in Papierquadrate entstehen bizarre Eiskristalle, die aus der dicken Wolke rieseln.

Sterne

1 Pro Stern das Papier in 5 x 5 cm große Quadrate schneiden. Diese dann dreimal hintereinander Spitze auf Spitze falten.

2 Je nach Modell an der gefalteten Form mit der Schere Einschnitte vornehmen und so kleine Dreiecke herausschneiden (1 – 4).

3 Die Schneeflocken vorsichtig auseinander falten und glatt streichen.

4 Die Wolke vom Vorlagebogen auf die Rückseite der Wellpappe übertragen und ausschneiden.

Montage

1 Ein Stück Zwirnsfaden an der Spitze jeder Schneeflocke festknoten. Je drei Schneeflocken untereinander knoten.

2 Die Schneeflockenketten mit Klebestreifen „auf Lücke" versetzt hinter die Wolke kleben.

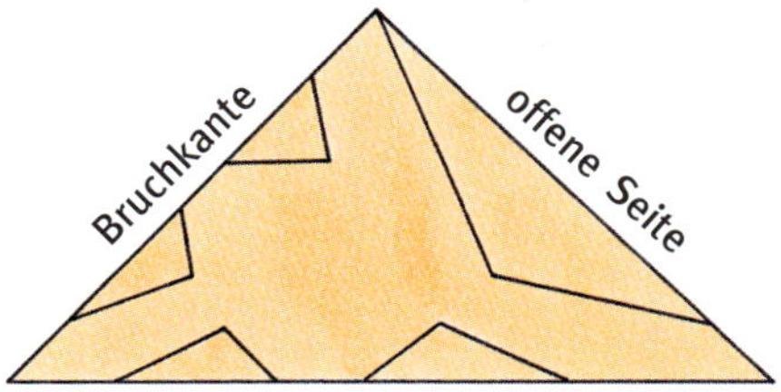

1

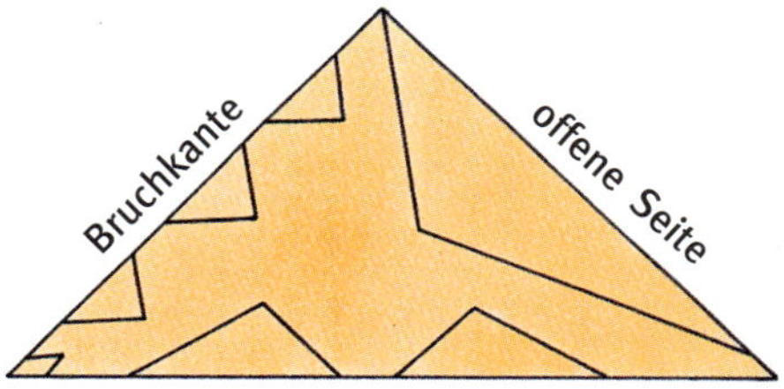

2

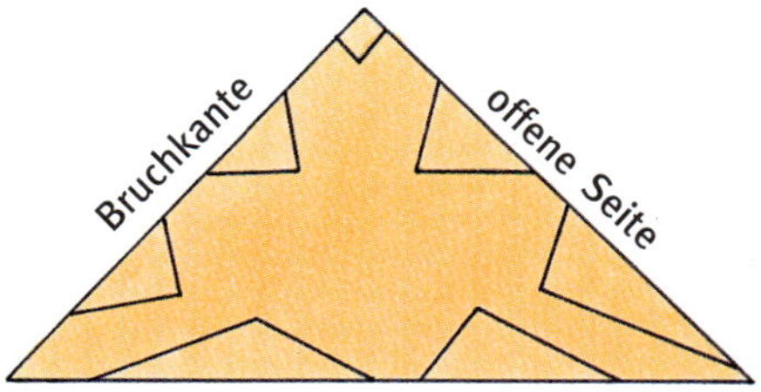

3

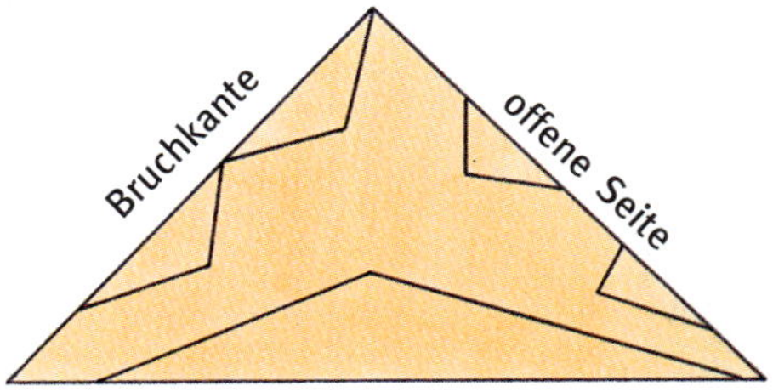

4

Cool bleiben

Material
farbiger Tonkarton
evtl. Filzstifte
Illustrierte
Schere
Klebstoff

Mit dem Schirmkäppi macht der Sommer Spaß: Der originelle Lichtschutz aus Tonkarton wird mit lustigen Motiven aus Papier fantasievoll ausgestaltet.

1 Die Schablone vom Vorlagebogen auf den Tonkarton übertragen, Streifen und Schild ausschneiden.

2 Muster und Motive aus der Illustrierten ausschneiden, auf dem Schild arrangieren und festkleben. Je nach Bedarf die Motive mit Filzstift ergänzen (Beispiel: „Kuh“).

3 Die gestrichelten Linien an Streifen und Schild einschneiden.

4 Schild und Streifen zusammenstecken. Wer möchte, kann das Schirmkäppi nach dem Anpassen mit Klebstoff fixieren.

Tipp

Schild und Streifen mit Folie überziehen, damit das Schirmkäppi strapazierfähig ist.

s.Oliver

Kreuz und quer

Material
Geflochtene Herzen:
farbiger Tonkarton
gemustertes Geschenkpapier
Lineal
Klebstoff
Bleistift
Schere

Die geflochtenen Herzen und gewebten Grußkarten entstehen aus verschiedenen Webtechniken mit Papier und Pappe. Die Mühe lohnt sich für diese ungewöhnlichen Kunstwerke.

Geflochtene Herzen

1 Die U-förmige Schablone von Seite 92 zweimal auf den Tonkarton übertragen und den Umriss ausschneiden.

2 Geschenkpapier auf eine der U-Formen kleben, ausschneiden.

3 Bei beiden U-Formen die inneren Linien sorgfältig einschneiden.

4 Die U-Formen anschließend mit der Rundung nach oben nebeneinander legen.

5 Formen vorsichtig ineinander flechten, indem die Streifen einmal oben und einmal unten ineinander verwoben werden.

6 Streifenenden zum Schluss mit Klebstoff fixieren.

Gewebte Grußkarten

1 Das Kopierpapier in der Mitte falten – das ist die Grußkarte.

2 Die eine Hälfte noch einmal in der Mitte knicken und ringsum einen Rand von 1,5 cm einzeichnen.

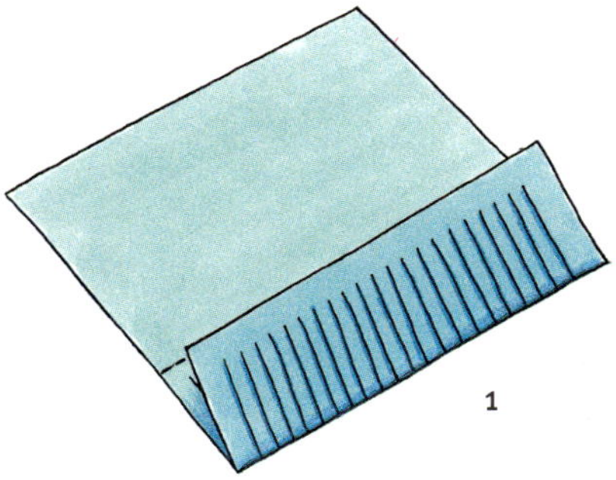

1

3 Mit dem Lineal 1 cm breite Streifen abmessen, Linien mit Bleistift einzeichnen, einschneiden. Die Karte aufklappen (1).

4 Aus dem Geschenkpapier (oder der Illustrierten) 1 cm breite Streifen schneiden.

5 Bunte Streifen einzeln in die Karte einweben (2). Von unten nach oben arbeiten, die eingeflochtenen Streifen mit den Fingern vorsichtig nach unten schieben.

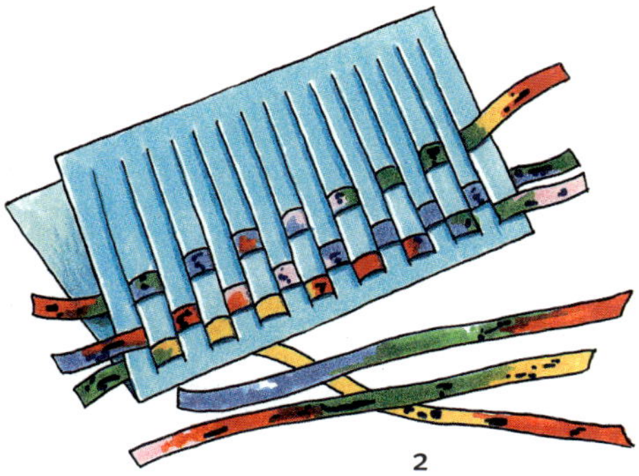

2

6 Streifen am Rand mit Klebstoff fixieren, überstehende Enden abschneiden.

Tipp

Es lassen sich auch andere Materialien wie Wollfäden, Geschenkband, Stoffstreifen oder getrocknete Gräser einweben.

Gewebte Grußkarten:
farbiges Kopierpapier
Illustrierte oder Geschenkpapier
Schere
Lineal
Bleistift

Alles im Rahmen

Material
je Rahmen:
fester Karton, DIN A5 (Verpackungsmaterial)
farbige Wellpappe
farbiges Kopierpapier, DIN A5
Fotos
Bleistift
Schere
Klebstoff
Musterklammer

Überraschung: Sobald das Herz, das Kleeblatt oder der Stern aus Wellpappe beiseite geschoben werden, erscheint ein Foto. So verwandelt sich die „Grußkarte" in einen dekorativen Bilderrahmen.

1 Herz, Stern oder Kleeblatt vom Vorlagebogen auf die farblich passende Wellpappe übertragen und ausschneiden.

2 Kopierpapier auf den festen Karton legen (noch nicht ankleben).

3 Herz, Stern oder Kleeblatt auflegen und mit dem Bleistift die Konturen leicht auf das Kopierpapier übertragen.

4 Kleinere Schablone des jeweiligen Motivs für den Fotoausschnitt in den Umriss übertragen. Achtung: Keine Kante darf über den Umriss hinausragen! Ausschneiden.

5 Ein passendes Foto auswählen und hinter das ausgeschnittene Motiv des Kopierpapiers kleben.

6 Beides auf den festen Karton kleben.

7 Herz, Stern oder Kleeblatt so ausrichten, dass es das Foto komplett verdeckt.

8 An einer geeigneten Stelle mit der Schere die Wellpappe, das Kopierpapier und den festen Karton durchbohren. Die Musterklammer durchstecken und befestigen (siehe Foto).

9 Herz, Stern oder Kleeblatt lassen sich nun bequem zur Seite schieben und geben so den Blick auf das Foto frei. Zugleich ergibt sich ein dekorativer Rahmen.

Auf Zack

Material
festes glänzendes Papier (Lackpappe, festerer Einband einer Illustrierten o. Ä.) in Grün, Rot, Gelb, Schwarz, Orange, Weiß, Regenbogenfarben
Schere
evtl. Zackenschere
Klebstoff
Bleistift

Wie kommen Krake, Krokodil und Kakadu ins Buch? Als Lesezeichen: Aus glänzender Lackpappe und mit der Schere sind schnell attraktive Seitenmarker gearbeitet - nicht nur für Bücherwürmer geeignet.

Krokodil

1 Das Krokodil vom Vorlagebogen auf die Rückseite des grünen Glanzpapiers mit Bleistift aufmalen, ausschneiden.

2 Für die Zähne mit der Zackenschere einen schmalen weißen Papierstreifen schneiden, auf beiden Seiten der Schnauze aufkleben.

3 Für das Auge erst einen Halbbogen aus dunkelgrünem Papier ausschneiden, einen kleinen gelben Halbkreis hineinkleben. Als Pupille einen schwarzen Streifen einkleben.

Kakadu

1 Die Kakadu-Schablone I mit dem Bleistift vom Vorlagebogen auf die Rückseite des gelben Glanzpapiers übertragen und ausschneiden.

2 Die Kakadu-Schablone II (Flügel) ebenfalls vom Vorlagebogen auf die Rückseite des Regenbogenpapiers übertragen, ausschneiden und auf den Körper kleben.

3 Den Schnabel auf orangefarbenes, den Kamm auf rotes Papier übertragen und ausschneiden, ein kleines grünes Auge ebenfalls ausschneiden.

4 Kamm, Schnabel, Auge und Flügel auf die Grundform kleben.

Krake

1 Den Kraken vom Vorlagebogen auf die Rückseite des orangeroten Glanzpapiers mit Bleistift aufmalen, ausschneiden.

2 Für die Augen zwei Kreise aus weißem Papier ausschneiden, zwei schwarze Halbkreise einkleben.

Federschnitt

Material
Regenbogenseiden-papier
Rest starker Karton
rotes Tonpapier
Schere
Klebestreifen
Klebstoff
evtl. Hutgummi und Locher

Prächtiger Kopfschmuck aus Seidenpapier für angehende Häuptlinge: Die zarten Federn wirken durch die besondere Schnitttechnik und den Kiel aus Pappe wie echt.

Federn

1 Pro Feder einen Streifen Seidenpapier (7 cm breit, 16 cm lang) der Länge nach aufeinander falten.

2 Den offenen Rand als halbes Oval in Federform schneiden.

3 An der offenen Seite bis kurz vor die Bruchkante (0,5 cm) schräg einschneiden (1), aufklappen.

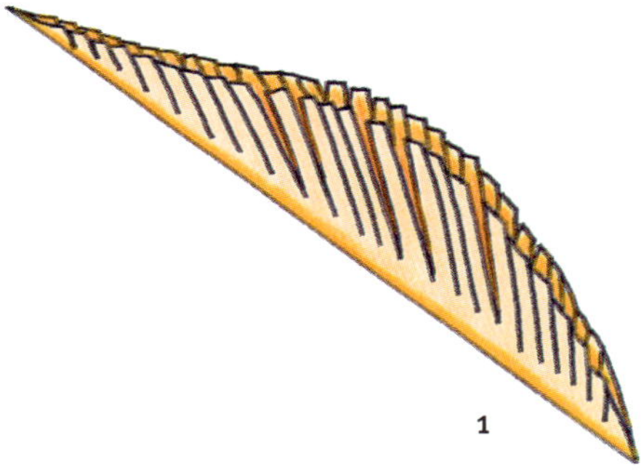

1

4 Einen schmalen Pappstreifen als Federkiel zurechtschneiden und von der Rückseite der Länge nach mit etwas Klebstoff auf das Seidenpapier kleben.

Kopfschmuck

1 Einen 3 cm breiten Streifen rotes Tonpapier in der passenden Länge (Kopfumfang des Kindes messen) zuschneiden.

2 Einen langen Streifen Regenbogenseidenpapier in der Mitte aufkleben.

3 Die Federn arrangieren und auf der Rückseite mit Klebestreifen fixieren.

4 Stirnband zusammenkleben.

Tipp

Um das Stirnband in der Länge variieren zu können, die Enden doppelt umknicken und zusammenkleben. Mit dem Locher je ein Loch stanzen und einen Hutgummifaden einknoten (2).

2

Action mit Papier

Fang mich!

Material
Tonkarton in Grün (30 x 40 cm), Weiß, Schwarz und Gelb
Kopierpapier in Orange und Rot
Sektkorken
Paketschnur, 70 cm lang
Schere
Klebstoff
Klebestreifen

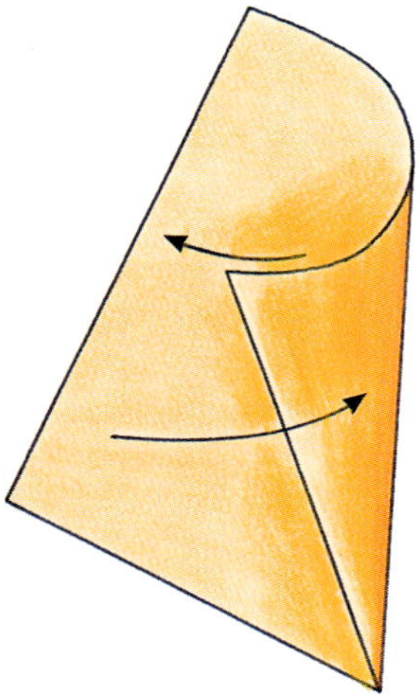

„Happs" – schon hat das Seeungeheuer die kleine Krabbe gefressen. Obwohl – so einfach war das gar nicht. Am besten gleich das Fangspiel aus Tonkarton nachbasteln und gleich mal ausprobieren.

Bastelanleitung

1 Den Tonkarton quer legen, von beiden Seiten zur Mitte hin zu einer Spitztüte zusammendrehen (siehe Zeichnung). Noch nicht festkleben.

2 Das Ende der Paketschnur ein- oder mehrfach verknoten, mit Klebestreifen innen in der Tütenspitze befestigen, den Rest der Schnur aus der Tütenspitze heraushängen lassen.

3 Tüte durch leichtes Verschieben ausformen. Außenkante festkleben.

4 Über die Außenkante und gegenüber je einen gelben Papierstreifen (33 x 3 cm) kleben, an der Spitze überlappend zusammen kleben.

5 Einen 3 cm breiten Streifen von dem weißen Tonpapier abschneiden, eine weiße Zackenkante (Zähne) ausschneiden. Dabei darauf achten, dass am unteren Rand mindestens 0,5 cm stehen bleiben.

6 Die Zahnkante von innen an den oberen Rand der Tüte kleben.

7 Das orangefarbene Kopierpapier mit Klebstoff bestreichen, quer legen, (mit der Klebeseite nach außen) leicht zusammendrehen und als Verkleidung innen in die Tüte kleben.

8 Aus dem schwarzen Tonkarton zwei dicke Ovale und aus dem gelben zwei schmalere Ovale ausschneiden, als Auge zusammenkleben und außen an der Tüte festkleben.

9 Einen schmalen Streifen (3 x 10 cm) aus dem roten Papier ausschneiden, die breite Seite in regelmäßigen Abständen einschneiden. Den roten Streifen um den Korken kleben, die Augen aufkleben, fertig ist die kleine Krabbe! Krabben-Korken an das Schnurende knoten.

Spielanleitung

Die Tüte in die Hand nehmen – der Korken hängt an der Schnur herunter. Jetzt durch schwungvolle Armbewegungen den Korken nach oben schleudern und mit dem „Maul" des „Seeungeheuers" fangen. Viel Spaß!

Rauf und runter

Material
1 Bogen Tupfen-Karton (mit Farbumkehr auf Vorder- und Rückseite)
1 Bogen Sternchen-Wellpappe, blau
Tonkarton in Schwarz, Grün, Rosa und Braun
Kopierpapier in Braun, Grün, Weiß und Rot
schwarzer Filzstift
6 Musterklammern mit rundem Kopf
Schnur, 60 cm lang
Schere
Klebstoff

Der Clown „Fridolin Fröhlich" ist für alle Hampeleien zu haben – und seine Kaspereien klappen wie am Schnürchen ...

Bastelanleitung

1 Clown-Schablonen vom Vorlagebogen wie folgt übertragen und ausschneiden:
Tupfen-Karton: Fliege, Hose (2 x)
Wellpappe: Jacke, Arm (2 x)
rosafarbener Tonkarton: Kopf, Hand (2 x)
brauner Tonkarton: Schuh (2 x ausschneiden, dabei einmal die Zehe weglassen)
schwarzer Tonkarton: Hut

2 An den markierten Punkten in Jacke, Hose, Armen und Schuhen mit der Schere große und kleine Löcher bohren.

3 Die Hände von hinten an die Arme und den Hut von vorn auf den Kopf kleben.

4 Kopf und Jacke hinter die Fliege kleben. Zum Stabilisieren hinter Kopf, Fliege und Jacke einen festen Pappstreifen kleben.

5 Den Schuhschaft mit grünen und weißen Pappstreifen als Socken bekleben, an einem der Schuhe die Zehe nicht vergessen.

6 Schuhe mit schwarzen Pappstreifen verzieren.

7 Arme, Hose und Schuhe mit den Musterklammern verbinden, die durch die großen Löcher gesteckt werden.

8 Mund, Augen, Nase und Augenbrauen aufkleben, Hütchen mit Band und Blume verzieren.

9 Faden wie auf der Zeichnung auf Seite 95 abgebildet durch die kleinen Löcher führen: Arme und Beine senkrecht stellen. Zuerst den Querfaden für die Arme und dann den nächsten Faden für die Beine befestigen. Abschließend den Längsfaden einknoten, sodass er unten lang heraushängt (Zugschnur).
Die Schuhe bekommen keine Fadenführung.

10 Wird die Zugschnur nach unten gezogen, gehen Arme und Beine in die Höhe. Die Schuhe fallen dabei von alleine nach unten herab und schaukeln.

Tipp

Sollte sich der Clown nicht leicht genug bewegen, sind die Klammern zu stramm gesetzt oder die Verbindungslöcher der Musterklammern zu klein. Dann die Löcher weiten und Klammern lockerer einstellen.

Feste drücken

Material
Wellpappe
Ausstechförmchen zum Backen
Lackfarbe auf Wasserbasis
Packpapier oder festes Papier
Pinsel
Korken
Klebstoff
Bleistift
Küchenmesser

Stempel aus Wellpappe lassen Häschen hoppeln, Katzen schnurren, Herzen glühen oder Mond und Sterne aufgehen: Die bedruckten Papiere sind hübsche Bilder oder praktisches Geschenkpapier.

1 Ausstechförmchen oder Schablonen von Seite 87 auf die Rückseite der Wellpappe legen, mit dem Bleistift die Konturen nachfahren und ausschneiden. Dabei auf den Verlauf der Rillen achten.

2 Den Korken als „Griff“ auf die Rückseite der Formen kleben. Bei Herz, Stern und Mond den Korken senkrecht in die Mitte kleben. Für Hase und Katze den Korken der Länge nach mit dem Küchenmesser durchschneiden und mit der Schnittfläche aufkleben.

3 Mit dem Pinsel die Lackfarbe auf die Wellpappe auftragen (nicht zu nass!) und auf festes Papier oder Packpapier stempeln. Dabei die Stempelfläche mit den Fingern gut andrücken und vorsichtig abziehen.

Tief Luft holen

Kräftig pusten und schon gehts los: Durch das bunte Blasrohr fliegt die „Munition“ aus Seidenpapierkugeln im weiten Bogen durch die Luft.

1 Pappröhrchen mit buntem Papier bekleben (hier wurde ein langer Streifen Regenbogenpapier spiralförmig um die Röhre geklebt).

2 Aus Seidenpapier kleine feste Kugeln formen, die etwa den Durchmesser der Röhre haben.

3 Kugel oben in die Röhre stecken, fest pusten.

Tipp
Wer keine Pappröhre hat, kann sich auch aus einem einfachen DIN-A4-Blatt eine feste Röhre rollen und diese mit Klebestreifen fixieren.

Material
dünne Pappröhre (Ø 1 cm, z. B. Innenrolle von Faxpapier)
farbiges Kopierpapier oder
Regenbogenpapier
Seidenpapier

Flower-Power

Fast wie echt

Material
Nelken aus Krepppapier:
Krepppapierstreifen, 5,5 cm breit in Grün, Rot, Weiß und Blau
Schaschlikspieße
Schere
Klebstoff
Klebestreifen
Riesenblüten:
Papierservietten (mehrlagig, durchgefärbt)
Ringelband
Schere

Diese Nelken aus Krepppapier und die Riesenblüten aus Papierservietten sind ideal als frühlingshafter Tischschmuck geeignet.

Nelken aus Krepppapier

Blüte

1 Den Anfang der Krepppapierrolle zwischen Daumen, Zeige- und Mittelfinger unten fassen, langsam drehen und dabei das nachfolgende Kreppband so zusammenkräuseln, dass eine offene Blüte entsteht.

2 Krepppapierstreifen nach ca. 1,5 Metern abschneiden. Das zusammengehaltene Ende fest mit Klebeband umwickeln.

Stiel

1 Einen Schaschlikspieß von unten beginnend mit der grünem Krepppapierrolle umwickeln.

2 Für das Blatt während des Wickelns eine große Schlaufe aus dem Krepppapierband formen und das untere Ende an den Stiel wickeln.

3 2 cm überstehen lassen und die Rolle abschneiden.

Montage

1 Die Spitze des Spießes mit Klebstoff bestreichen, Blüte aufstecken.

2 Das überstehende grüne Ende des Stängels als Kelch unten um die Blüte kleben.

Riesenblüten

1 Serviette einmal aufklappen, die Bruchkante mit der Schere abschneiden.

2 Serviette von der Schmalseite her in Ziehharmonika-Technik falten (siehe Seite 14).

3 Die Mitte der gefalteten Serviette mit dem Ringelband fest umschnüren (siehe Zeichnung).

4 Die einzelnen Zellstofflagen vorsichtig auseinander ziehen, dabei Lage für Lage von innen nach außen arbeiten.

5 Blüte zusammendrücken, zurechtzupfen.

Da blüht dir was!

Material
Seidenpapier in Blau, Rot und Gelb
farbiger Tonkarton in Grün, Rot, Hellblau und Gelb
Klebstoff
Schere

Rot, gelb und blau leuchtet der Mohn aus Seidenpapier: Die dekorativen Schlaufen-Stiele sind gleichzeitig ein praktischer Aufhänger.

Blüte

1 Das Seidenpapier in mehreren Lagen übereinander falten.

2 Daraus einen Kreis (Ø ca. 10 cm) ausschneiden.

3 Den mehrlagigen Kreis mit Daumen und Zeigefinger fest halten, in die Mitte der einzelnen Lagen vorsichtig Kleber tropfen.

4 Aus dem Tonkarton zwei Kreise mit 3,5 cm Durchmesser ausschneiden, auf die Mitte der Blüte (vorne und hinten) kleben.

5 Das Seidenpapier von außen mit der Schere bis zum Tonkartonkreis einschneiden.

6 Kleine Stücke Seidenpapier zu Kügelchen zusammenknüllen, vorne in den Tonkartonkreis aufkleben.

7 Die einzelnen Lagen mit den Fingern auflockern („aufplustern“).

Schlaufe

1 Aus dem grünen Tonkarton Streifen mit 30 cm Länge und 1,5 cm Breite schneiden und zur Schlaufe zusammenkleben.

2 Das Schlaufenende auf die Rückseite der Blüte in den Tonkartonkreis kleben.

Tipps

◆ Der Seidenmohn lässt sich an der Schlaufe als Armband oder Schmuckanhänger tragen oder als Zierblume anhängen.
◆ Mehrere Blumen nebeneinander ergeben eine bunte Blütengirlande.
◆ Statt der Schlaufen können die Blüten auch auf grün umwickelte oder bemalte Schaschlikspieße aufgesteckt werden.

Knüller-Blüten

Material

Gelbe Blüten:

1 Bogen Bastelwellpappe (etwa DIN A4) in Blau

Seidenpapier in Gelb und Grün

Klebstoff

Schere

Lineal

Bleistift

Blaue Blüten:

Seidenpapier in Blau und Grün

1 Bogen Bastelwellpappe (etwa DIN A4) in Pink

Zarte Blüten auf farbigen Grußkarten aus Wellpappe: Leicht geknautschtes und gedrehtes Seidenpapier macht den besonderen Reiz aus.

Karten

Auf der Rückseite der Wellpappe eine Mittellinie anzeichnen und mit dem Bleistift so kräftig nachfahren, dass die Pappe an dieser Stelle umgeknickt werden kann.

Gelbe Blüten

Blüte

1 Das Seidenpapier in 9 x 9 cm große Quadrate schneiden.
(Hier wurde zweifarbiges Seidenpapier einer Blumenverpackung verwendet.)

2 Das Quadrat in der Mitte fassen und die Seiten nach oben zur Blüte zusammenziehen.

3 Den Blütenkelch zu einer Spitze verdrehen und die Blüte in Form knautschen.

Stängel und Blatt

1 Einen Streifen Seidenpapier (4 cm breit) in der gewünschten Länge zuschneiden.

2 Den Streifen am unteren Ende zu einem Strang zusammendrehen.
3 Für das Blatt den Streifen schräg von oben bis zur Mitte einreißen, das Stück als Blatt stehen lassen, mit dem Rest den Strang weiterdrehen (siehe Zeichnung).

4 Zum Schluss ein kleines Stück des Streifens als „Kelch“ stehen lassen und die Blüte hineinstecken.

5 Blüten und Stängel auf der Wellpappe arrangieren und mit Klebstoff aufkleben.

Blaue Blüten

Blüte

Siehe Anleitung „Gelbe Blüten“, allerdings werden hier die Blüten nicht in Form geknautscht, sondern möglichst glatt verarbeitet.

Stängel

1 Einen langen Streifen grünes Seidenpapier (5 cm breit) zu einem Strang zusammendrehen.

2 Zwei Drittel des Stranges wieder aufdrehen, auseinander ziehen.

3 Blüten und Stängel arrangieren und aufkleben.

Gedreht und gewickelt

Prächtig gerollt

Schmuck ohne Ende: Aus Papier lassen sich schicke Schmuckperlen zum „Nulltarif“ rollen. Schnell sind damit prächtige Ketten und Armbänder aufgefädelt.

Material
Illustrierte
Lineal
Bleistift
Klebstoff
bunte Perlen aus Illustrierten
breites Gewebegeschenkband, lila (Knotenkette)
schwarzes Lederband (Kette mit Amulett)

1 Farbenprächtige Seiten aus Illustrierten heraussuchen.

2 Mit dem Lineal lange Dreiecke (Basis 5 cm, gesamte Seitenhöhe als Länge) auf die Illustrierte aufzeichnen: Dazu die schmale Seite unten im Abstand von 5 cm markieren. Auf der gegenüberliegenden Seite erst 2,5 cm abmessen, danach ebenfalls Abstände mit 5 cm markieren. Die gegenüberliegenden Punkte zu Dreiecken verbinden (1) und ausschneiden. Die Größe der Papierdreiecke ist variabel. Die Basis sollte jedoch nicht zu schmal und die Schenkel möglichst lang sein, sonst entsteht statt der länglich geformten Perle nur eine dicke Rolle.

1

3 Die untere breite Kante des Dreiecks fest um einen Bleistift wickeln, die Perle zur Spitze hin aufrollen (2).

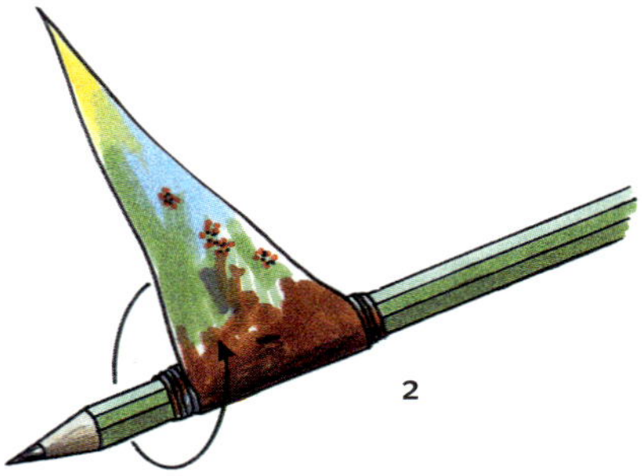

2

4 Die obere Spitze mit Klebstoff fixieren, dann den Bleistift vorsichtig herausziehen.

Knotenkette

1 Die Perlen auf das Geschenkband aufziehen, zwischen die einzelnen Perlen je einen dicken lockeren Knoten in das Geschenkband machen.

2 Die Kette mindestens so lang auffädeln, dass sie sich bequem über den Kopf ziehen lässt.

Kette mit Amulett

1 Eine Perle in die Mitte des Lederbandes aufziehen (sie ist später die „unterste Perle“ des Amuletts).

2 Das Band über der Perle kreuzen, beide Enden durch die nächste Perle ziehen (siehe Zeichnung). Diesen Vorgang dreimal wiederholen.

3 Auf beide Enden des Lederbandes weitere Perlen auffädeln.

4 Die Enden hinter dem Hals als Verschluss verknoten

Gut gekordelt

Material
farbiger Tonkarton, DIN A4
gemustertes Seidengeschenkpapier
Tapetenkleister
Schere

Was braucht man hier? Lange Kordeln aus Geschenkpapier! Blumen- und Tiermotive schmücken die hübschen Grußkarten. Auch originelle Wandbilder lassen sich mit der Kordeltechnik gestalten.

1 Tapetenkleister nach Angaben des Herstellers anrühren und quellen lassen.

2 Den Tonkarton in der Hälfte zur Doppelkarte falten.

3 Aus dem Seidenpapier lange schmale Streifen schneiden, zu Strängen verdrehen.

4 Stränge mit Tapetenkleister einstreichen.

5 Einzelne Motive aus den Strängen formen und auf die Karte kleben.

6 Für die Blütenmitte aus den Strängen eine Schnecke drehen, für die Blütenblätter ein enges Wellenband außen herum kleben.

Tipp
Das handelsübliche gemusterte Seidengeschenkpapier hat eine spezielle Beschichtung und färbt daher in Verbindung mit Tapetenkleister nicht ab.

Fein verschnürt

Material
feste Pappe
schwarzer Papierrest
Seidenpapier (Einwickelpapier) in Schwarz und Weiß
Klebstoff
Bleistift

Vergnügt stehen Schaf und Zebra auf der Wiese: Sie fühlen sich in ihrem originelles Fell aus gedrehten Papierkordeln sichtlich wohl. Wo bleibt der Rest der Herde?

1 Schaf- und Zebraschablone von Seite 88 auf die feste Pappe übertragen und ausschneiden.

2 Das Seidenpapier in 4 cm breite Streifen schneiden und zum Strang verdrehen. Für das Zebra einen schwarzen und einen weißen Seidenpapierstrang ineinander verdrehen.

3 Die Tiervorlage mit Klebstoff bestreichen, den Strang U-förmig biegen und – am Kopf beginnend – nur auf der Vorderseite des Tieres in engen Schlaufen festkleben. Im Bauchbereich kann der Strang einmal komplett um das Tier gewickelt werden, am Schluss wieder in Schlaufen aufkleben.

4 Auf der Rückseite Kopf und Hinterteil ebenso ausarbeiten.

5 Zum Schluss die Tiere ausgestalten. Für das Zebra ein Stück Strang als Schwänzchen heraushängen lassen, am Ende verknoten und die überstehenden Seidenpapierstränge fein einschneiden (Schwanzpuschel). Das Ohr des Schafes wird nachträglich aufgeklebt.

6 Für die Augen schwarzes Papier lochen, die Punkte aufkleben.

Zum Abheben

Spacemäßig zusammengekleistert

Material
Zeitungspapier
feste Pappe oder Pappteller
Tapetenkleister
6 Kronenkorken
Lackfarbe auf Wasserbasis in Grün, Weiß, Schwarz und Silber
Drahtstück
Pinsel

UFO-Landung auf fremden Planeten: Ob aus dem kleinen grünen Raumschiff aus Pappmaschee wohl auch kleine grüne Männchen aussteigen? Wer weiß …

1 Aus der Pappe einen Kreis mit 20 cm Durchmesser ausschneiden (oder Pappteller verwenden).

2 Tapetenkleister nach Anweisung des Herstellers anrühren und quellen lassen.

3 Eine mindestens faustgroße Kugel aus Kleisterpapier formen, abflachen, auf die Kreismitte drücken.

4 Drahtstück als Antenne in die Kugel stecken.

5 Pappscheibe, Kugel und Drahtende mit breiten Kleisterpapierstreifen fixieren. Alles mit Kleisterpapier umkleben.

6 Eine kleine Kleisterpapierkugel auf die Antenne stecken.

7 Form gut trocknen lassen (am besten über Nacht).

8 Das UFO mit grüner Lackfarbe bemalen und trocknen lassen.

9 Die Oberfläche der Kronenkorken mit schwarzer Lackfarbe bemalen und trocknen lassen.

10 Weiße Fenster aufmalen.

11 In die Kronenkorken Kleisterpapier drücken und auf das UFO kleben, trocknen lassen.

Das UFO kann wie eine Frisbeescheibe geworfen werden, allerdings muss es einen weichen „Landeplatz“ haben (Rasen, Kissen). Sonst ist eine „Bruchlandung“ nicht auszuschließen.

Einfach wegwerfen

Material
farbiges Krepppapier in Rot, Blau und Weiß
Zeitungspapier
Tapetenkleister
Geschenkpapier
Stricknadel
Paketschnur (etwa 70 cm lang)
Schere

Huiiiii! Mit einem Schweif aus Krepppapierbändern wirbelt die Kometen-Schleuder durch die Luft. Losgelassen saust sie auf und davon.

1 Kleister nach Anweisung des Herstellers anrühren und quellen lassen.

2 Aus Kleisterpapier eine Kugel in der Größe einer Kinderfaust formen.

3 Als letzte Schicht Geschenkpapier in kleine Stücke reißen, einkleistern und um die Kugel kleben.

4 Die Kugel in der Mitte mit der Stricknadel durchbohren, nachformen, auf der Stricknadel gut durchtrocknen lassen (am besten über Nacht). Stricknadel entfernen.

5 Aus verschiedenfarbigem Krepppapier acht Streifen mit ca. 2 cm Breite und ca. 50 cm Länge zurechtschneiden.

6 Paketschnur durch das Loch ziehen, ein Ende fest verknoten.

7 Die Krepppapierstreifen auf diesen Knoten legen, verknoten.

8 Am anderen Ende der Schnur eine Schlinge zum Festhalten knoten.

Spielanleitung

Den Schleuderball an der Schlinge anfassen, durch kreisende Armbewegungen in Schwung bringen und dann loslassen. Die Schleuder fliegt mehrere Meter weit. Achtung: Darauf achten, dass die „Flugbahn“ frei ist, sodass weder Mensch noch Tier oder Sachen Schaden nehmen.

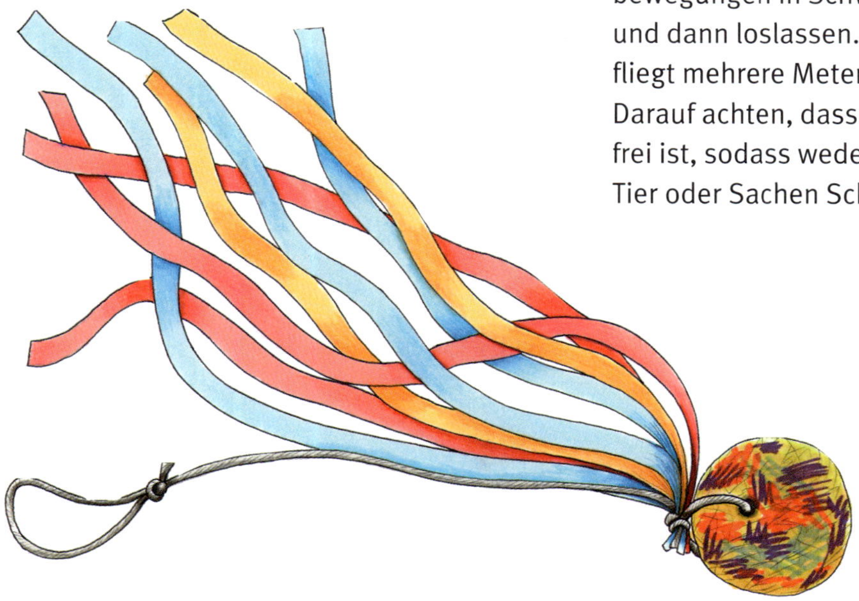

Falten, fertig, los!

Material
1 Blatt Regenbogenbuntpapier, DIN A4
Lineal
Bleistift

Tipp
Den Flieger beim Start mit der Nase schräg nach oben werfen (nicht waagerecht oder nach unten), so fliegt er mit einem sehr weiten sanften Schwung mit eleganter Landedrehung.

Mit elegantem Schwung dagegen segelt der Papierflieger durch die Luft: Hier muss jeder Kniff sitzen, bevor der Pilot Starterlaubnis bekommt!

1 Das Blatt der Länge nach falten und wieder aufklappen.

2 Die oberen Ecken zur Mitte hin umknicken (1).

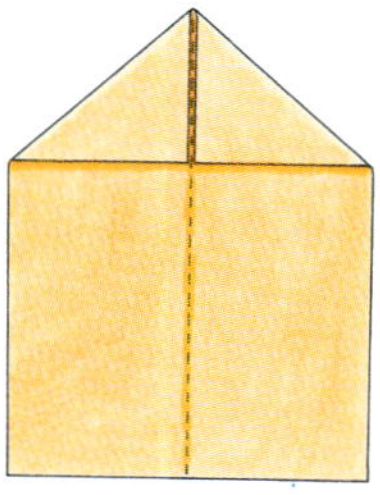
1

3 In 1,5 cm Abstand mithilfe von Lineal und Bleistift eine Linie ziehen (2).

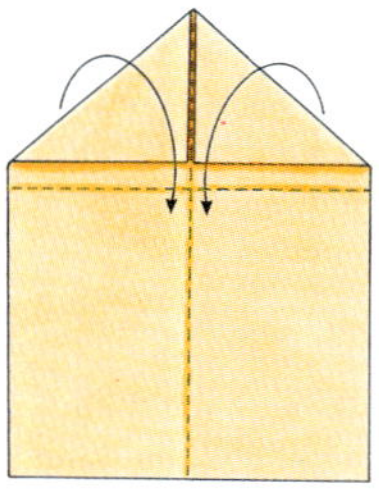
2

4 Die Spitze an der eingezeichneten Linie nach unten klappen (3).

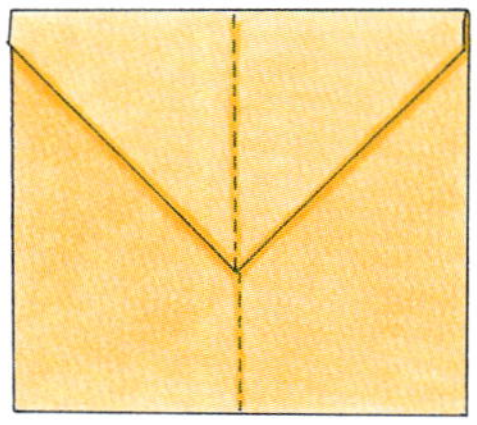
3

5 Die oberen Ecken erneut zur Mitte falten (4).

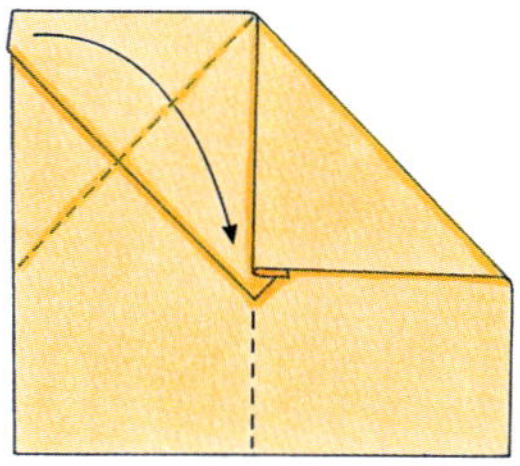
4

6 Die kleine überstehende Spitze hochklappen (5).

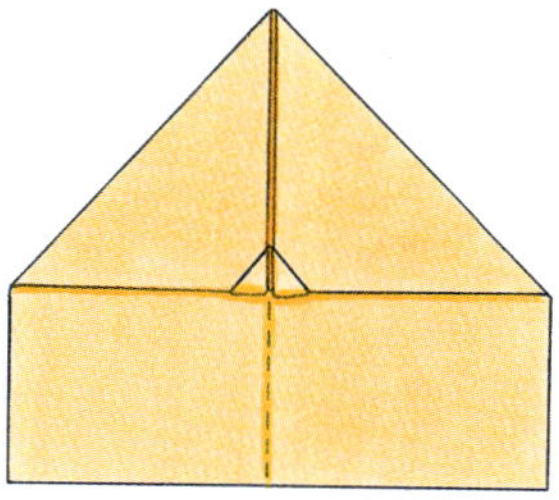
5

7 Seiten nach hinten umschlagen, sodass die Flügel bündig abschließen (6).

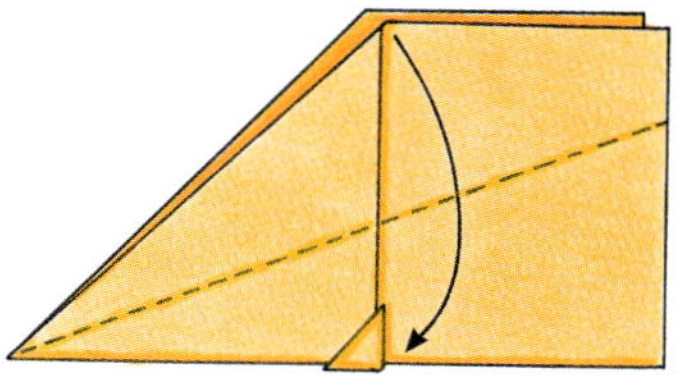
6

8 Auf jeder Seite die Flügel auf die untere gerade Kante knicken, bis der Flügel waagerecht steht (7).

7

Glänzende Ideen

Fette Beute

Material
braune Wellpappe, DIN A3
glänzende Papierreste/ Folienreste (Alufolie, Schokoladen- und Bonbonpapiere etc.)
Goldfolie
Pfennige, Spielgeld, Münzen
kleine Papierschachteln
Schaschlikspieß
weißes Papier
schwarzer Filzstift
Klebstoff

In der geheimnisvollen Kiste aus Wellpappe glitzert die Piratenbeute. Die Schatztruhe verbirgt glitzernde Münzen, goldene Ketten und silberne Schatullen vor neugierigen Augen.

Schatzkiste

Die Vorlage für die offene Schachtel von Seite 86 auf dem Kopierer um 40 Prozent vergrößern. Wie auf Seite 22 unter „Schmuckschachtel" beschrieben arbeiten (Schablone siehe Seite 94).

Goldkette

1 Von der Goldfolie 1 cm breite Streifen abschneiden.

2 Von den Streifen jeweils 5 cm lange Stücke abschneiden (1).

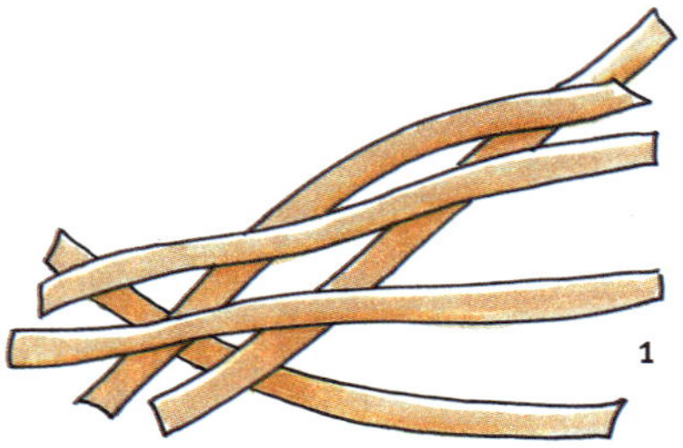

1

3 Die Stücke zu Ringen zusammenkleben, dabei stets den Streifen vor dem Zusammenkleben durch den letzten fertigen Ring ziehen (2).

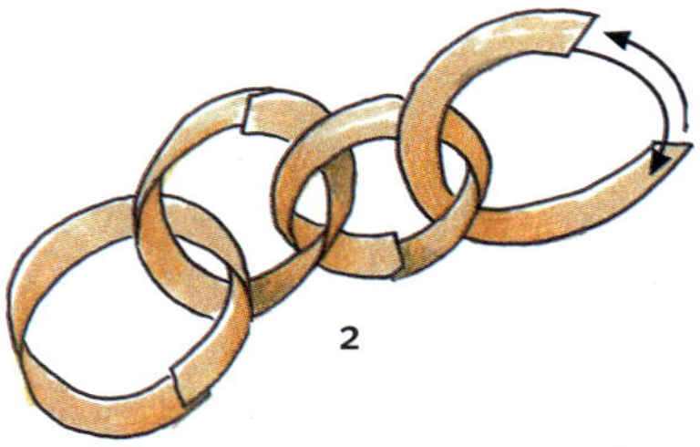

2

Schatz

1 Kleine Schachteln (leere Streichholzschachtel u. Ä.) oder zusammengeknülltes Zeitungspapier in glänzendes Papier einpacken.

2 Münzgeld (z. B. Pfennige) in Alufolie und Goldfolie einschlagen, Folie festdrücken.

3 Die Schätze nun in der Kiste arrangieren.

Flagge

1 Aus dem Papier eine kleine Flagge ausschneiden (hier 6 x 4 cm), mit Filzstift einen Totenkopf aufmalen oder ausschneiden und aufkleben.

2 Flagge am linken Rand um den Schaschlikspieß kleben.

Weihnachtliches

Material

Glitzerstern:

½ Bogen Tonkarton, dunkelblau

glitzernde Papierreste (Schokoladen- und Bonbonpapiere, Mohrenkopfschachtel, glänzende Geschenkpapierschleifen etc.)

Schere

Locher

Klebstoff

Königlicher Kopfschmuck:

Bastelwellpappe in Gold, Blau und Rot

Schere

Klebstoff

evtl. Hutgummi

Bleistift

Hier kommen die Sternenprinzessin und die Mondkönigin: Sie tragen eine prächtige Krone, verziert mit Mond und Sternen aus Wellpappe. Auch für Geburtstagskinder ist dieser besondere Kopfschmuck eine große Freude.
Glänzend anzusehen von nah und fern – der große helle Glitzerstern! Gold- und Silberfolie, Metallpappe und Glanzpapiere raffiniert ausgeschnitten und neu kombiniert lassen den edlen Stern funkeln.

Glitzerstern

1 Die Sternschablone vom Vorlagebogen auf das Tonpapier übertragen und ausschneiden.

2 Jede Sternenzacke ausgestalten. Dazu einige Glitzerpapiere in kleine Quadrate schneiden (1 x 1 cm), andere lochen oder in schmale Streifen schneiden, Kügelchen knüllen.

3 Die Glitzerpapierteile auf dem Stern arrangieren und festkleben.

Königlicher Kopfschmuck

1 Die Mondschablone (bzw. große Sternschablone) von Seite 89 auf die blaue (bzw. rote) Wellpappe übertragen und ausschneiden. Zwei kleine Sterne von Seite 89 abpausen und aus der goldenen Wellpappe ausschneiden.

2 Für das Stirnband einen 3 cm breiten Streifen von der Längsseite der roten (bzw. blauen) Wellpappe abschneiden.

3 Den Mond (bzw. großen Stern) und Sterne auf dem Stirnband arrangieren, mit Klebstoff fixieren.

4 Um die Krone tragen zu können, entweder einen zweiten Streifen abschneiden, mit einer Seite an der Krone befestigen, den Kopfumfang des Kindes abmessen, abschneiden und festkleben. Oder an beide Enden des Streifens mit dem Locher ein Loch stanzen und einen Hutgummifaden einknoten.

Tierisch gut

Auf Draht

Material
je Falter:
½ Bogen gepunktete Wellpappe (22 x 33 cm)
gelbe Pfeifenputzer (25 cm lang)
Bleistift
Schere

Aus gepunkteter Wellpappe und Pfeifenputzern (Biegeplüschdraht) entstehen große schöne Schmetterlinge: Die bunten Falter sehen sowohl im Fenster als auch an der Wand, in Blumentöpfen oder als Mobile wunderschön aus.

1 Karton in der Hälfte falten.

2 Die Falterschablone von Seite 94 abpausen, mit dem Körper an der Bruchkante anlegen, mit Bleistift den Umriss nachfahren und die Figur doppelt ausschneiden.

3 Den Pfeifenputzer in der Mitte knicken, den Falter einlegen und das geschlossene Ende 3 cm hoch verdrehen.

4 Den Pfeifenputzer auf der anderen Seite ebenfalls einmal verdrehen und die überstehenden Enden als Fühler formen.

Tipp
Die Fühler unter die Flügel biegen: So kann der Falter seine Flügel hochklappen und er hat mehr Halt.

Bärenstark

Material
je Maske:
Tonkarton in den entsprechenden Farben (dunkel- und hellbraun, dunkel- und hellgrün, rosa und lila)
schwarzer und weißer Tonkarton
Schere
Hutgummi
Nadel

Brumm, brumm, hier kommt die bärenstarke Bande: Ob grün, lila oder braun, die lustigen Teddymasken aus Tonkarton sind nicht nur in der Faschingszeit gefragt.

1 Die Bärenschablone (Umriss) von Seite 80 auf den dunkleren farbigen Tonkarton übertragen und ausschneiden.

2 Die Schablone für den helleren Nasenbereich (Kreis) übertragen, ausschneiden und auf die Kopfform kleben.

3 Die Augen mit Hilfe der Schablone aus weißem Papier ausschneiden und aufkleben.

4 Nase und Schnauze mit der Schablone auf die schwarze Tonpappe übertragen, ausschneiden und aufkleben.

5 Die Pupillen in die Augen einzeichnen, aus der Bärenmaske herausschneiden (auf dem Foto als schwarze Pupille zu sehen). Nur so kann der kleine Maskenträger auch etwas sehen!

6 Die schwarze Nasenkugel bis auf das obere Viertel ausschneiden und leicht nach außen drücken.

7 An beiden Seiten der Bärenmaske den Hutgummi mithilfe der Nadel durchziehen, verknoten.

Tipp

Die Bärenmaske sieht auch als Wandschmuck im Kinderzimmer lustig aus. Dazu die Pupillen aus schwarzem Tonkarton ausschneiden und aufkleben, auf alle Einschnitte verzichten.

Traumhaft

Mein kleines Pony: Mit seiner traumhaft schönen Regenbogenmähne und dem langen Schweif ist das Seidenmähnen-Pferdchen einfach zum Liebhaben.

1 Das rosafarbene Tonpapier auf beide Seiten der Pappe kleben.

2 Ponyschablone vom Vorlagebogen auf die Pappe übertragen, ausschneiden.

3 Schmale Streifen Seidenpapier (etwa 0,5 cm breit) für Mähne und Schweif abschneiden.

4 Für die Mähne die Streifen in der Hälfte falten, wie ein „Dach" in mehreren Lagen über die Halskante kleben. Die Mähne hängt nun an beiden Seiten herunter.

5 Den Schweif auf beiden Seiten aus langen Streifen einzeln an den Schwanzansatz kleben.

6 Für die Ponyfransen mehrere Stücke Seidenpapier (4 cm breit, 3 cm lang) ausschneiden, übereinander legen, fein einschneiden. Die einzelnen Lagen um die Stirn kleben, Fransen leicht zerzausen.

7 Das Auge aus schwarzem Papier, die Hufe aus dem Seidenpapier ausschneiden.

Material

feste Pappe

1 Bogen Tonpapier, rosa

1 Bogen Regenbogenseidenpapier

Rest schwarzer Tonkarton

selbstklebende Sternchen

Kleber

Schere

Bleistift

Bunt geschuppt

Material
schwarzer Tonkarton
Transparentpapier
Pergamentpapier
Schere
Klebstoff
Bleistift

Fast wie im Aquarium: Mit vielen bunten Schuppen aus Transparentpapier leuchtet der große Fisch am Fenster. Die Arbeit erfordert etwas Geduld, aber die Mühe lohnt sich!

1 Den Tonkarton in der Mitte falten, die Fischschablone (Körper, Schwanzflosse – siehe Vorlagebogen) dabei mit der geraden Seite an der Bruchkante anlegen. Alle Teile doppelt ausschneiden.

2 Die inneren Teile so ausschneiden, dass nur noch die breiten Konturen stehen bleiben (siehe Foto).

3 Schwanzflosse und Körper mit Pergamentpapier hinterkleben.

4 Mit Hilfe der Fischschuppenschablone viele bunte Schuppen aus verschiedenfarbigem Transparentpapier zurechtschneiden.

5 Von den Schuppen ca. 0,5 cm an der geraden Kante umknicken, mit Klebstoff bestreichen, aufkleben. Dabei an der Schwanzflosse beginnen und nach vorne arbeiten, sonst liegen die Schuppen später nicht richtig übereinander.

6 Die Schuppen auf Lücke versetzt Reihe für Reihe aufkleben.

7 Für das Fischauge einen großen und einen kleinen Kreis aus verschiedenfarbigem Transparentpapier ausschneiden, übereinander aufkleben.

8 Die Schwanzflosse auf der Rückseite ankleben.

9 Flossen zweimal aus Tonkarton ausschneiden und auf der Rückseite ankleben.

Lustige Teichbewohner

Material
farbiger Tonkarton
Korken
Zahnstocher
Klebstoff
Schere
Küchenmesser
Bleistift
schwarzer Filzstift

Was sind denn das für fröhliche Teichbewohner? Die lustigen Figuren aus Tonkarton sehen nicht nur schön aus, sie können auch schwimmen!

Teichbewohner

1 Die Figuren mithilfe der Schablonen von Seite 91 auf den Tonkarton übertragen und ausschneiden.

2 Motive zusammenkleben (Frosch und Seerosenblatt, Seerose und Blatt, Libellenkörper und Flügel).

3 Konturen mit schwarzem Filzstift nachfahren.

4 Figuren weiter ausgestalten (Augen aufmalen, Körperkonturen nachzeichnen etc.).

Korkschwimmer

1 Zahnstocher zwischen zwei Korken bohren, der Abstand muss zur Größe des jeweiligen Teichbewohners passen. (Für die Entenfamilie 3 Korken miteinander verbinden).

2 Korken oben mit dem Küchenmesser einschneiden. Teichbewohner in die Korkschlitze stecken.

Bärenstark (S. 72)

Bunte Schnecke (S. 11)

Highlight (S. 10)

Kettenzauber (S. 14/15)

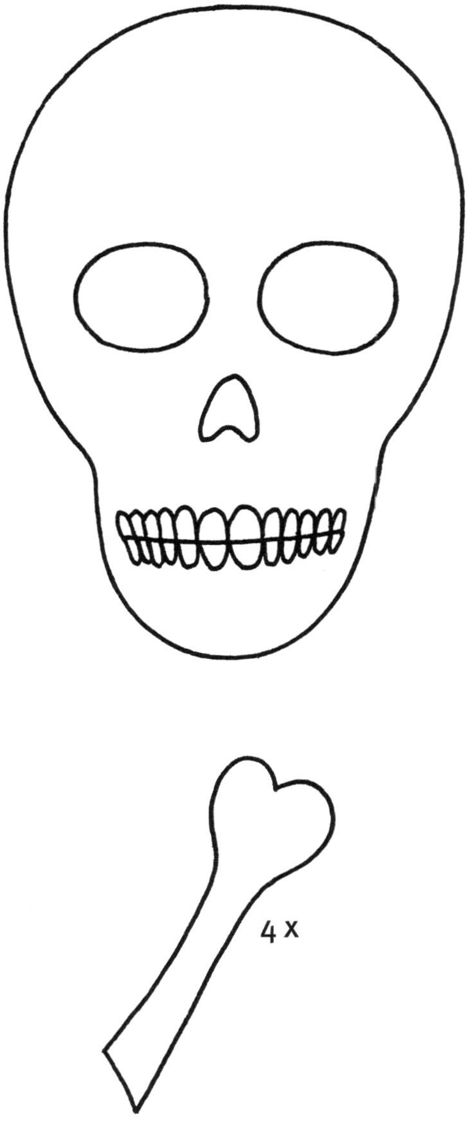

Hut ab!/Piratenhut (S. 16/17)

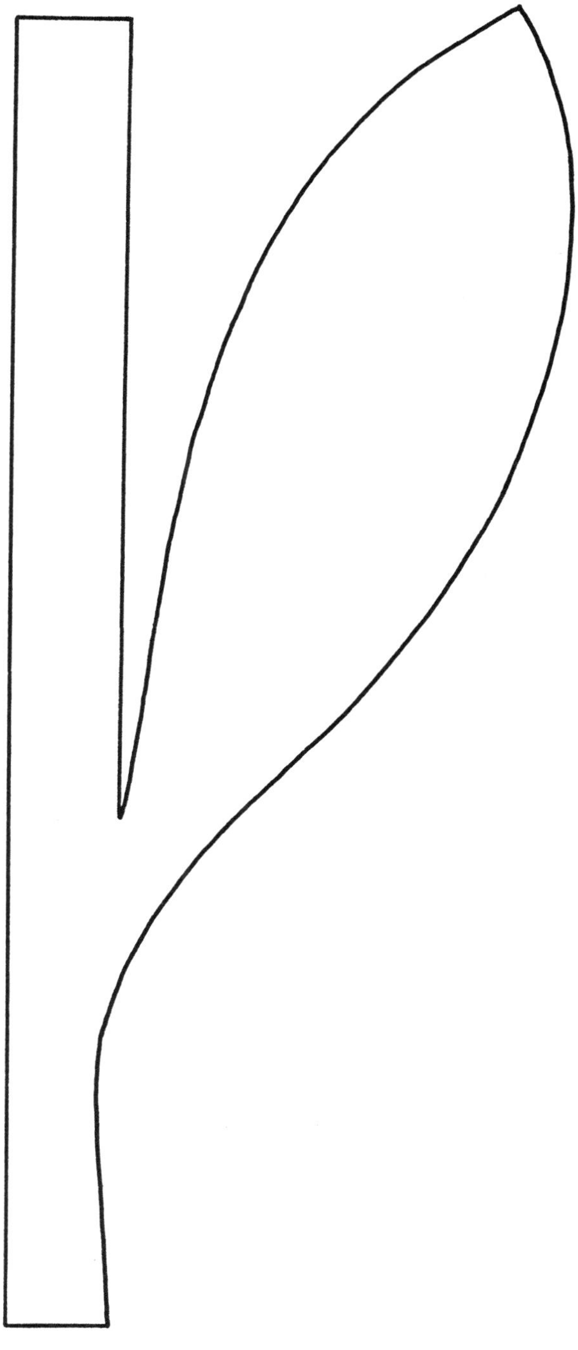

Hut ab!/Partyhut (S. 16/17)

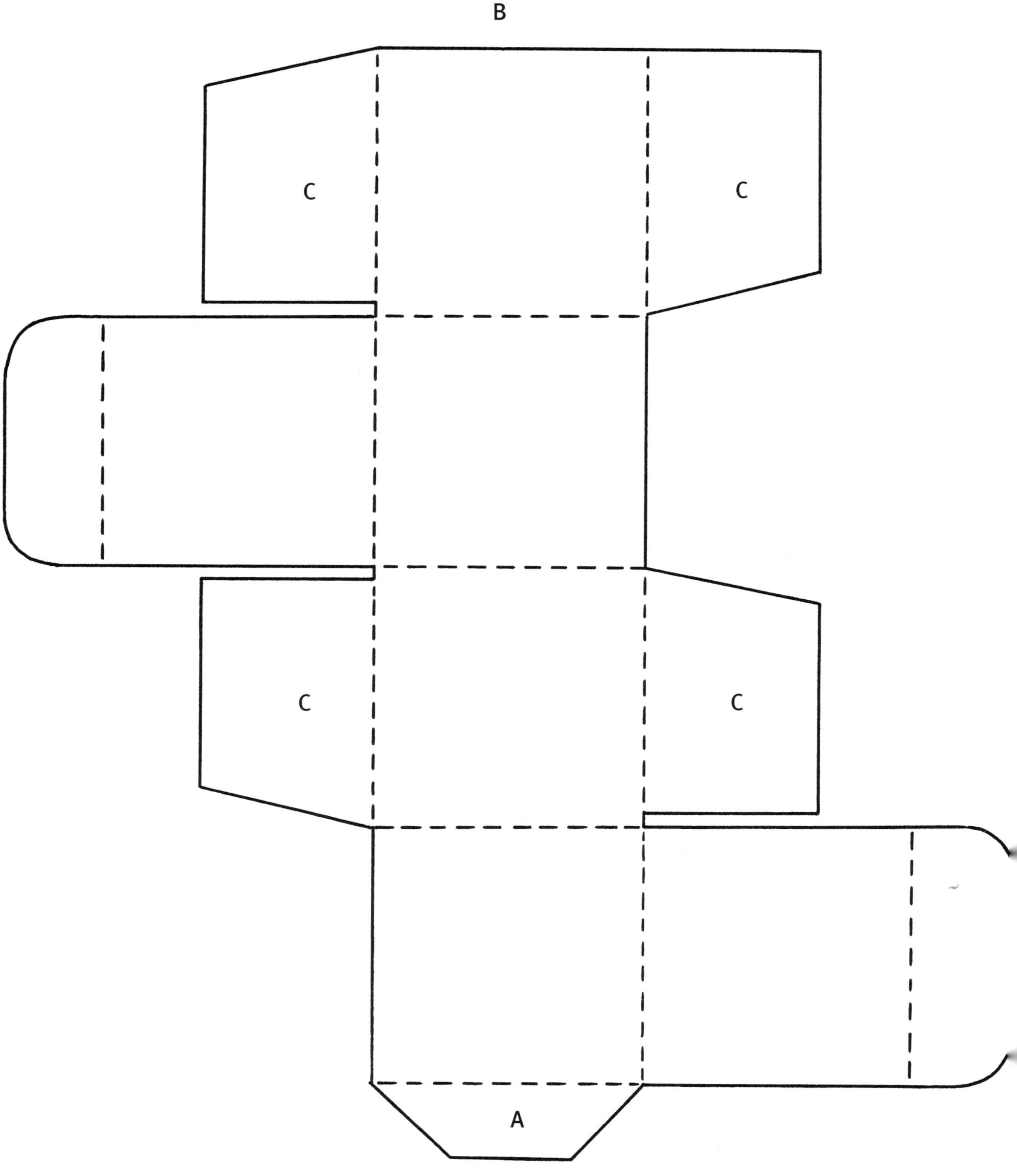

Verschachtelt/geschlossene Schachtel (S. 22/23)

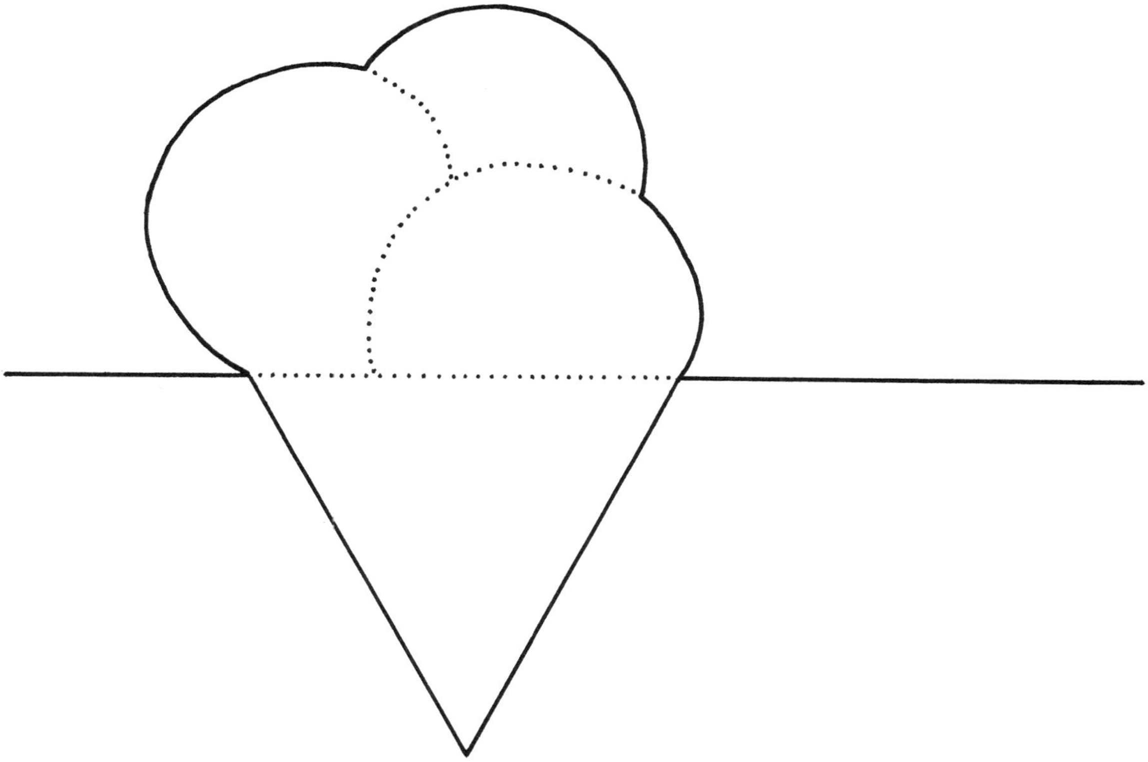

Verschachtelt/offene Schachtel (S. 22/23)

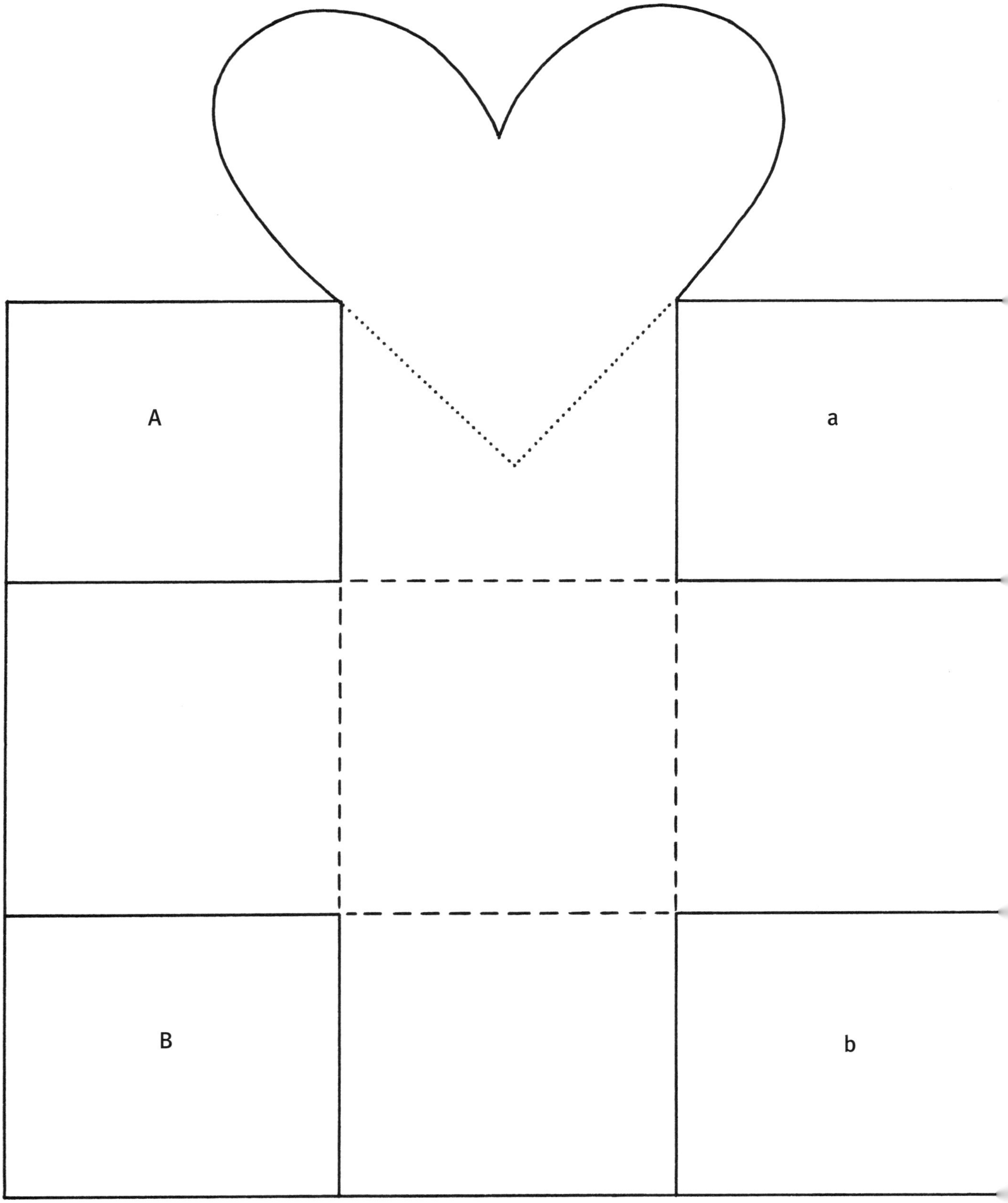

Verschachtelt/offene Schachtel (S. 22/23)

Feste drücken (S. 46)

Fein verschnürt (S. 58/59)

Weihnachtliches / Königlicher Schmuck (S. 69)

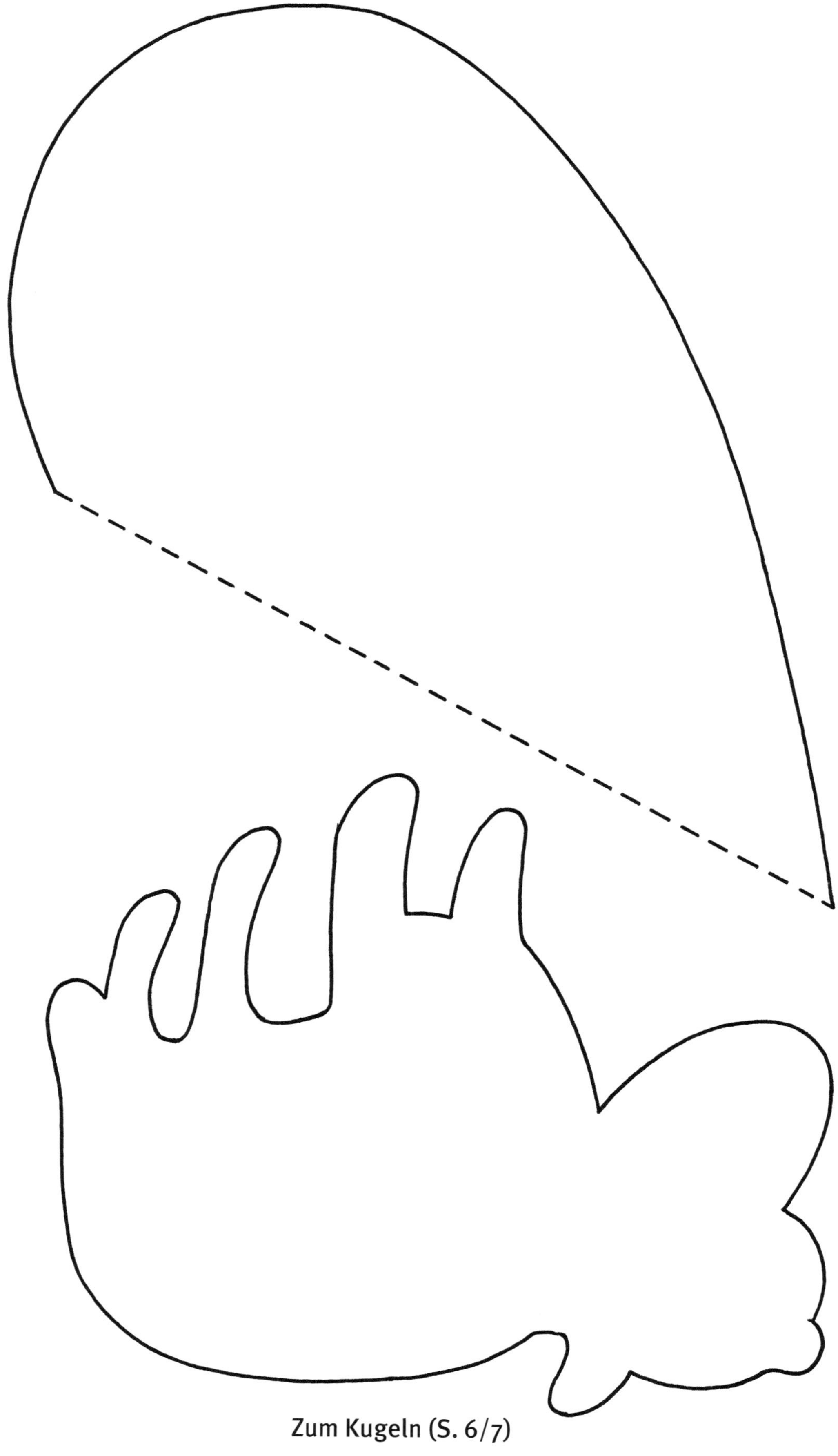

Zum Kugeln (S. 6/7)

Lustige Teichbewohner (S. 78/79)

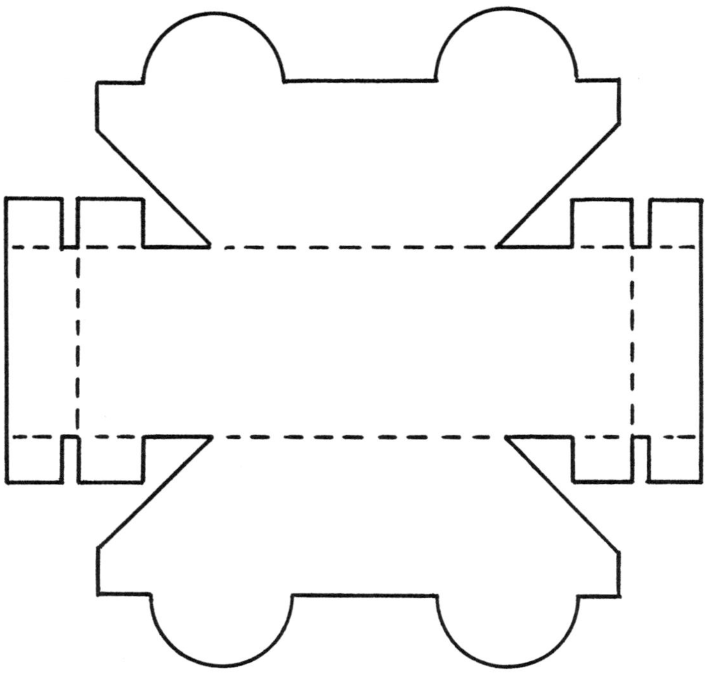

Dicke Autos/Kleinwagen (S. 26/27)

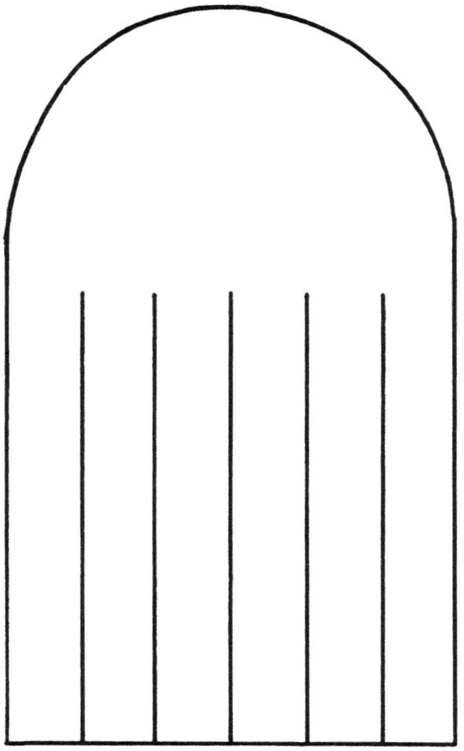

Kreuz und quer/Flechtherzen (S. 34/35)

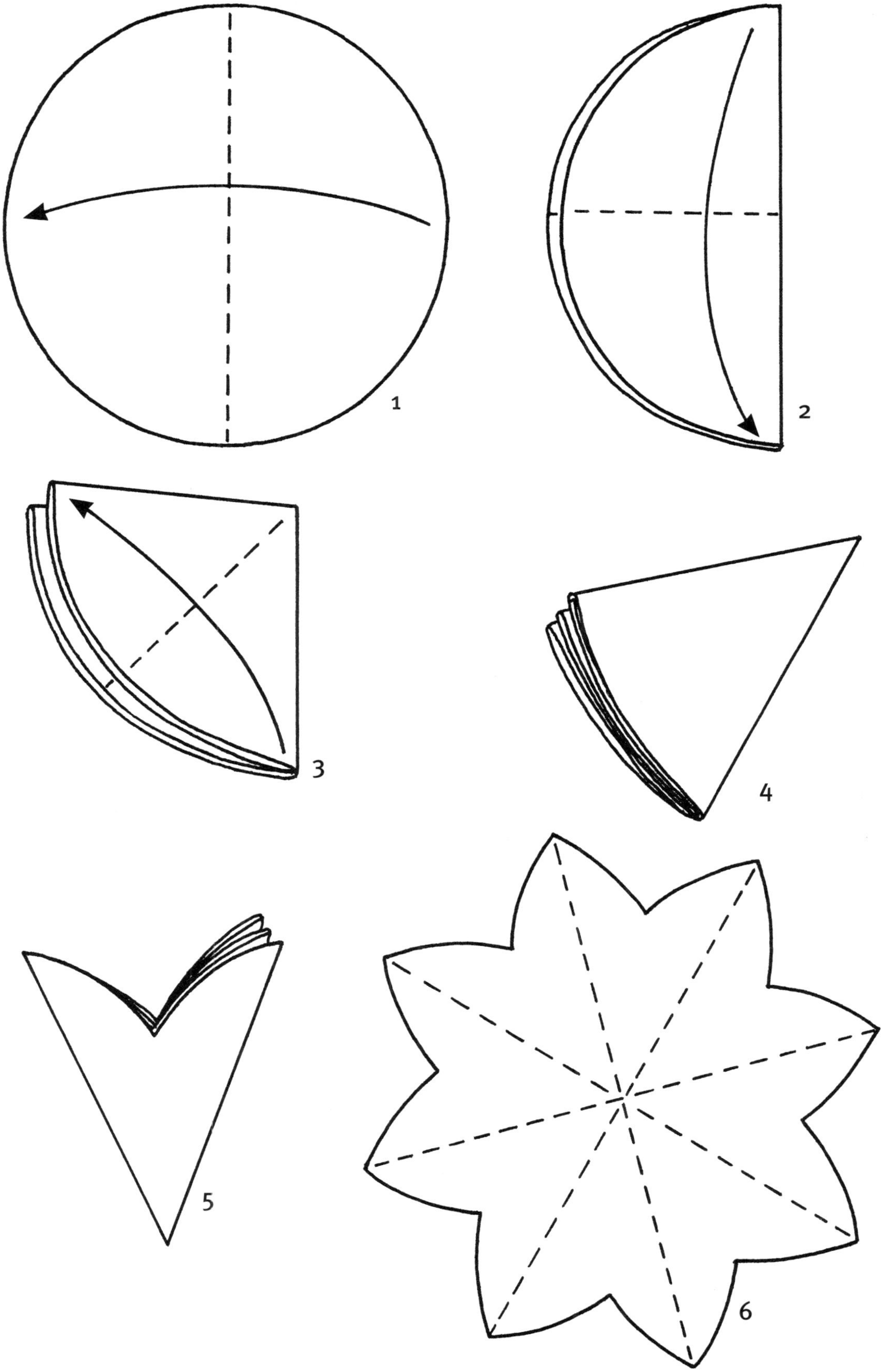

Hut ab!/Blume für Partyhut (S. 16/17)

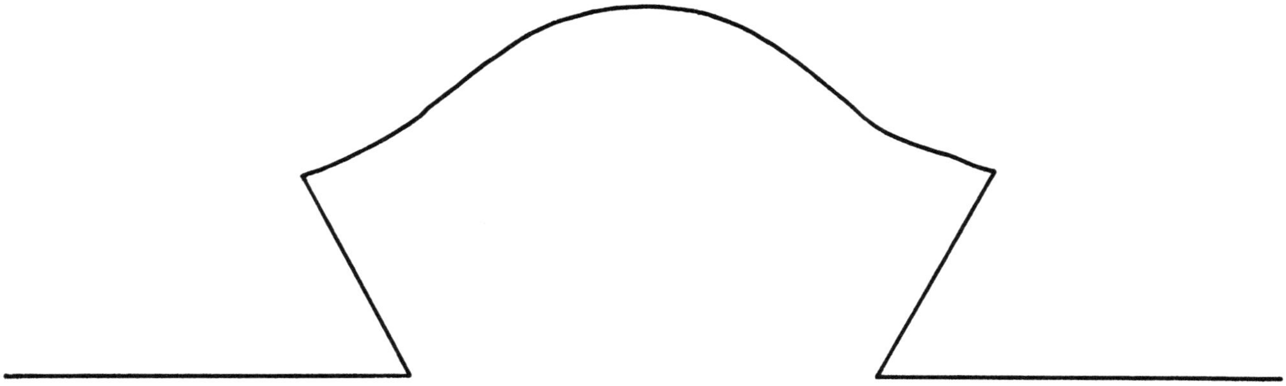

Fette Beute/Schatzkiste (S. 66/67)

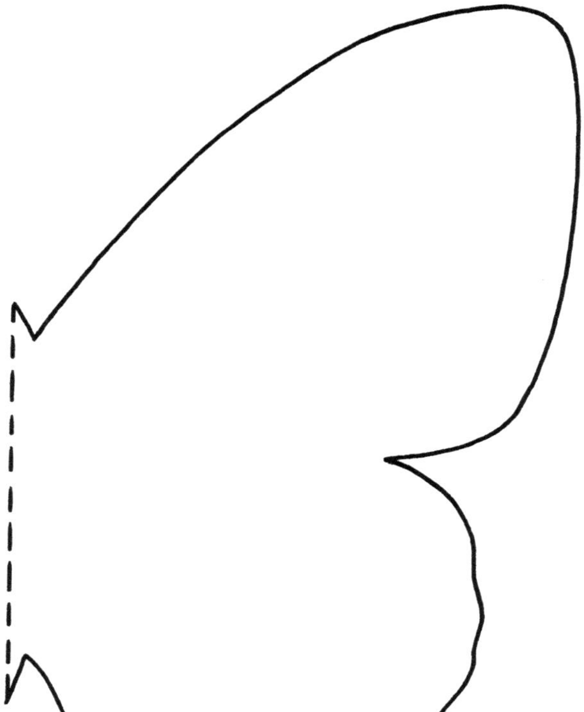

Auf Draht (S. 70/71)

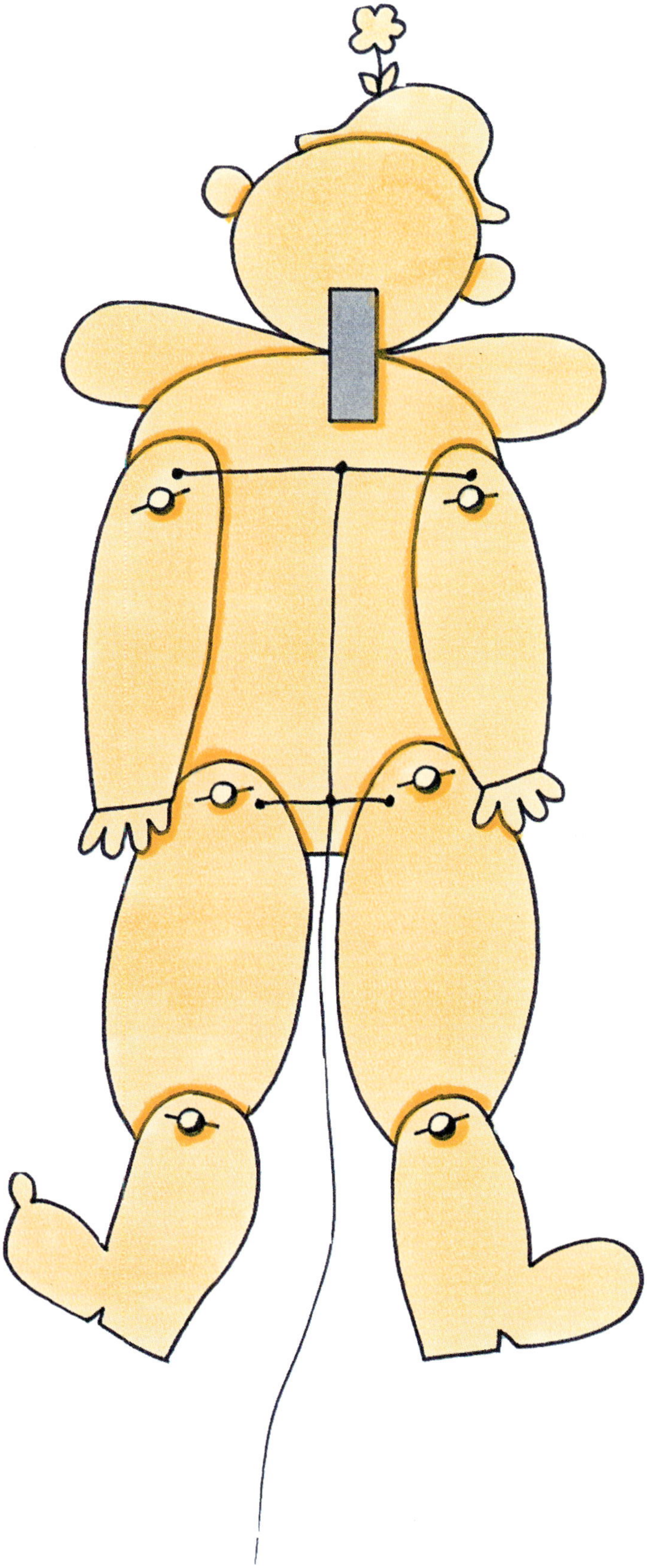

Rauf und runter (S. 44/45)

Im FALKEN Verlag sind zahlreiche Titel zu den Themen „Kinderbeschäftigung, Basteln und Spielen“ erschienen. Sie sind überall dort erhältlich, wo es Bücher gibt.

Sie finden uns im Internet: **www.falken.de**

Dieses Buch wurde auf chlorfrei gebleichtem und säurefreiem Papier gedruckt.

Der Text dieses Buches entspricht den Regeln der neuen deutschen Rechtschreibung.

Wir danken Mirjam Thissen und Rebecca Meyrer für die tolle Mitarbeit während der Fotoaufnahmen.

ISBN 3 8068 7472 7

Umschlaggestaltung: Peter Udo Pinzer
Redaktion: Uta Koßmagk
Gestaltung und Herstellung: Petra Becker
Titelbild und Fotos: Susa Kleeberg und Friedemann Rink, Wiesbaden
Zeichnungen und Reinzeichnung des Vorlagebogens: Ulrike Hoffmann, Bodenheim

Gesamtkonzeption: FALKEN Verlag, D-65527 Niedernhausen/Ts.

817 2635 4453 6271